新世紀叢書

當代重要思潮・人文心靈・宗教・社會文化關懷

一條簡單的道路

德蕾莎修女的質樸之道

愛遠方的人很簡單，
而愛我們身邊的人卻不大容易。
愛得從一個人身上開始。

德蕾莎修女 Mother Teresa——著
魯心妲・瓦迪 Lucinda Vardey——編
高志仁、曾文儀、魏得驥——譯

Mother Teresa

A Simple Path

【目錄】

〈序〉

為世界和平開闢「一條簡單的道路」

中國主教團主席

我第一次看到德蕾莎修女並和她談話，是在一九八五年一月十七日。那一天上午十一時，內政部長吳伯雄先生，給德蕾莎修女頒授一等勳章。同時下午四時三十分，晉見蔣經國總統。晚間在台北市中山堂，她做了一次感人的演講：「如何去關懷、愛慕、照顧窮人中的窮人」。

德蕾莎修女的身材瘦小，略微有些駝背。千萬窮人的痛苦重擔，好似時常壓在她的肩上，使她的背直不起來。她的臉上刻滿了皺紋，每一條皺紋都可以告訴我們一個感人的慈愛故事。她的雙手粗糙並且強而有力，那是多年服侍窮人鍛鍊出來的。這雙手，從垃圾堆中揀拾過無數棄嬰和病童，清洗包紮過許多癩病人的傷口，抬擔架搶救過街頭臨死無人過問的窮苦病人，餵食過病重無力自食的病患，摟抱過傷心絕望的窮人，緊握過無數臨終時無親人在旁者的手，並合上他們的眼睛，陪伴他們有尊嚴地走完人生最後的旅程。

德蕾莎修女的衣著，是鑲著藍邊粗白布製成的會衣。天氣冷時，外加一件毛線衣。她如同她的修女們一樣，只有一套換洗的會衣，別無他物。在侍候窮人中最窮的人時，和她在晉見教宗或世界各國政教領袖時，都是穿同樣簡樸的衣著。甚至在一九七九年，領受眾所欽羨的諾貝爾和平獎時，也沒有另製新衣。

諾貝爾和平獎的評審委員們，為什麼一致通過德蕾莎修女為和平獎的得主呢？她沒有調停過敵對雙方的衝突。她也沒有奔走於國際間，從事穿梭外交，促進世界和平。誠然，她只一心一意專注為窮人中最窮的人服務，付出最大的愛心，用具體的行動，盡全力服侍最需要協助的人。她從未想過要得諾貝爾和平獎，但無意之間，卻給世界和平開闢了「一條簡單的道路」。

本世紀科技的發展，以及物質文明的進步，有人認為超過往古人類歷代數萬年之成積的總和。可惜的是，科技和物質文明的進步，並沒有促進人們靈性的同步發展，反而助長了人類的自私、貪慾、享受、冷漠、慘暴、剝削等惡行。

這些惡行，播下了社會不義的禍根，拉長了人與人之間的距離，築起了富人與窮人之間的牆壁，摧毀了人性的尊嚴和基本權利。因而這個世界便充滿了暴力與戰爭。

德蕾莎修女，以基督博愛的精神，默默專注的以行動服侍窮人中最窮的人。使他們感受到尊重、關懷和愛。連那些病入膏肓的窮人，也能有尊嚴而含笑的離開這個世界。德蕾莎修女，沒有用高深的哲理，只用誠懇、服務而有行動的愛，來醫治人類最嚴重的病源：自私、貪慾、享受、冷漠、慘暴、剝削等惡行；也為通往社會正義世界和平，開闢了「一條簡單的道路」。

看到我國今日社會亂像叢生，究其原因，不外是自私、貪污、貪婪、享受、欺詐、搶奪、殺傷、剝削等不義行為所造成。為對症下藥，救治我們的社會，立緒文化事業公司不惜重資，購得中文版權，並請專家翻譯，出版這本通往社會正義，國泰民安，世界和平的「一條簡單的道路」。

單國璽　序於中國主教團秘書處

一九九六年元月十五日

〈序〉她的生命到達了很單純的境界

天主教台北總教區總主教

我要很誠懇地說：我推崇德蕾莎修女不是因為她得到過諾貝爾和平獎，她當之無愧，而且選她為得獎人，是諾貝爾獎提名委員會的光榮。德蕾莎修女得不得這個獎對她的偉大可敬沒有增損。我願推薦這本書，因為讀者能認識一位真正偉大的人物，而她的偉大是她的整個人生中真正掌握到「單純的真諦」。

德蕾莎修女的人生道路並不「簡單」，而她所以稱之為簡單，因為她的生命到達了很單純的境界。

她是一位單純的天主教修女，她是一位篤信天主並以行動在日常生活中實踐信仰的人。她遵循的典型是生活清貧，為愛人而自願犧牲的耶穌基督。信仰不僅對她不是一種限制，反而是她向所有人開放，願為所有的人服務的力量泉源。「有一個天主，祂是一切人的天主，因此在天主前對一切人要一視同仁，很重要。」尊重人當然包括尊重人的信仰，信仰不同而影響對人的愛，這種愛還有什麼價值？

德蕾莎修女服務的對象，特別是被親人和社會遺棄的人：棄嬰、病患和垂死的人。她強調當下就服務有需要的人。更強調在服務時，讓被服務者感到他們被愛，因為他們是有尊嚴的人，貧窮和疾病並沒損傷到他們的尊嚴。

德蕾莎修女現在追隨她的修女四千餘人。她們在德蕾莎修女感召與培育之下，富有與天主契合的祈禱精神，富有則效基督與聖母瑪利亞愛人至死的服務精神及清貧生活方式。她們每人只有兩套衣服（以備換洗）、一雙鞋子（破了才買）、一個水桶（為工作）、一個鐵盤（為吃飯）、一床鋪蓋（也鋪也蓋），她們自願與一切現代化日用品絕緣（像電風扇、冰箱、洗衣機）。但是她們很快樂！

這本書中引述德蕾莎修女的話，答覆修女日常生活中各式各樣的問題，答覆出奇的簡單，因為都是實際生活中的經驗，經驗精煉出來的智慧。

凡是願意更深入認識德蕾莎修女的人，凡是願意從這位真正偉大的人物，學習如何在平凡生活中偉大的有心人，我毫無保留，也毫無疑問的推薦這本書。

這是一種你只有「開卷」便一定「得益」的書！

〈序〉

這是一本非常値得一看的書

靜宜大學校長
李家同

這是一本非常值得一看的書。

有關德蕾莎修女的書很多，這本書特別的地方在於它是由三種人寫成的，第一部份是由本書的編者所寫成的，他們介紹了德蕾莎修女的生平和他們編這本書的動機，第二部份事實上是由德蕾莎修女親自寫的，第三部份卻最有趣，是由幫忙德蕾莎修女的義工們寫的。

雖然這是一本充滿天主教思想的書，沒有天主教信仰的人仍然可以從這本書得到很多的靈感。舉例來說，書中有一位義工是美容師，她誤打誤撞的變成了加爾各答垂死之家的義工。垂死之家的病，多半都是皮包骨，所以當首次請這位美容師去替一位只剩下骨頭的女病人洗澡時，她的回答是：「絕不可能」，因為她實在無法替這種醜陋的人洗澡。

可是後來她洗了，而且一點也不感到有任何的困難。

還有一段故事，是一位在洛杉磯的義工寫的。我還是第一次得知洛杉磯會有如此可怕的貧民區，這個地方有個綽號：「地獄旅館」，因為原來這裡是一所旅館，現在旅館關門，住在裡面的人完全是無家可歸的人，每次義工去分發食物的時候，那些窮人走出來的情景，真像恐怖電影中的鏡頭。

我們的世界絕不是一個非常美麗的世界，世界上有無數的人生活在赤貧之中，他們需要我們的愛、我們的關心。德蕾莎修女最偉大的貢獻，不僅在於她的關懷和愛，更在於她感動了多少的人。寫德蕾莎修女的書，我已看過了很多，可是這是第一本書，報導了義工們的感受。義工都是普通的人，他們的感受有時更能夠打動我們的心弦。

我們誰都不能立刻解決人類的貧困問題，但我們每個人都可以對我們週遭的人多多少少表示一份關懷，多做一些溫暖他們心靈的事，我們如此做，最後得益的不僅是接受我們幫助的人，也包含我們自己，因為只有這樣做，我們才能得到心靈上的平安。

〈序〉

愛的新解

傅佩榮
台大哲學系、所教授

「愛」是廣泛使用而意義模糊的字，因為它原本不是名詞，而是動詞。先有愛的行動與實踐，然後可以體認什麼是愛。每一個時代的人都需要尋找愛的新解，並且總能如願，譬如德蕾莎修女的作為，就是今日的典範。《一條簡單的道路》充分印證了這種期許。

愛需要力量，力量由何而來？靜默使人回歸內心，凝神祈禱，與主相會，宛如找到源頭活水，信仰的光與熱隨即轉化為愛的力量。這種力量用於何處？德蕾莎修女的選擇是「服務」，為貧窮的人、受苦的人服務，不僅因為他們同為人類，而且因為他們是神的子女。人間的平安與喜樂，捨此之外別無他途。

齊克果說：「做為人，就是要做為宗教徒。」如果缺少宗教向度，不明白自我犧牲與自我成全的關係，生命將注定在俗世中浮沈，真我的面貌將無從開顯，然後平安喜樂無異於永難企及的夢想。信仰需要機緣，愛的行動又何嘗不是如此？人們所信的宗教未必相同，捨己為人的無私之愛則有相似的表現。愛是一條簡單的道路，只要你願意就可以啟程；若要堅持一生，則須參考由靜默、信仰到平安的指點，德蕾莎修女的言行獲得普世的共鳴，也能引發我們內心的嚮往。

本書緣起

「我可以跟你談談我的道路。」德蕾莎修女說，「但我只是個小小的引線——天主才是大能。你可以找其他人談談，如教會裡的兄弟姊妹們以及與其共事者。他們之中有些人不是基督徒，你可以找他們談談。眼見為信。那是非常美麗的。」

《一條簡單的道路》這本書的構想自數年前的一次聚會，當時是由我的同事電影製片歐摩‧阿梅德(Omer Ahmed)邀請德蕾莎修女就出書和電影拍攝計劃交換意見。歐摩已經在倫敦住了四十五年，而印度是他出生的地方，曾祖是加爾各達提甲拉、蒙提吉一帶的地主。如今，提甲拉隔著一條鐵軌和德蕾莎修女的心智障礙者之家遙遙相望，而蒙提吉是她首先創辦收容所的地方。歐摩來自一個回教家庭，但他的姊妹皆在德蕾莎修女於一九三〇、四〇年間執教的羅瑞托受教育。他的家庭長期以來一直支助著仁愛傳教修女會的工作。

德蕾莎修女象徵著「行動中的愛」，對於她所展現出來的非凡力量我們深感興趣並意欲予以探索。她在公眾的想像認知裡所引發的衝激，好比石子丟入水池所激起的陣陣漣漪。對許多基督徒而言，德蕾莎修女所呈現的才是教人心悅誠服的基督徒生活。

雖然德蕾莎修女的生平紀事大多已廣為人知，人們對她和其修會的男女為何要如此生活則並不十分了解——再者，於此一雜亂紛擾的年代裡，她對那些有心在二十世紀末活得更好的人是否有相關的建議？藉由聽其言、觀其行、思其因，我們能不能學到怎麼和我們週遭的人建立起真切的聯繫？德蕾莎修女和仁愛傳教修女會是否能為這個似乎是難題重重的世界帶來希望？

帶著這些以及其他種種的疑問，我們在一九九四年七月的一個炎熱日子裡，來到位於加爾各答的仁愛傳教修女會修道院。就像修會於世界各地所有的房舍一樣，這裡工作的氣氛非常濃厚，大家都極為忙碌。訪客都受到禮貌的接待，但不容許妨礙到幫助窮人中的窮人(the poorest of the poor)的重要工作。

起初，德蕾莎修女對再出書的計劃有所猶疑。她懷疑提供更多的話語就能讓人更了解其使命的意涵。她說，一切都如此簡單。她那簡單純樸的道路為何還需要指引呢？我們以及其他所有的人，所要做的只有祈禱和更加彼此相愛，如此而已。首先，為了儘可能熟悉仁愛傳教修女會的工作，我們必須探訪下列各地：希舒・巴滿（兒童之家）、培倫・尼瓦司（位於提塔卡的痲瘋病患中心，由仁愛傳教修士主持）、尼摩・何里得（垂死者與貧民之家）、培倫・丹（結核病患與精神病患之家）。

我們多次造訪了這些地方以及其他的收容所，我們體認到，一本幫助我們學習如何祈禱、如何愛得更自然平易、如何以最好的方式服務他人的書是絕對必要的。這些對慈善使者而言可能不是問題，但是，在西方世界，我們需要一系列清楚連貫的步驟作為遵循的依據。

本書的編輯工作便於此時交由宗教作家魯心妲・瓦廸(Lucinda Vardey)擔任，她也參加了我們往後的研究考察。接下來的幾個月裡，德蕾莎修女與其修會提供了我們愈來愈多對出書計劃的援助，我們也開始與德蕾莎修女就各種主題做廣泛且深入的討論。接著我們和德蕾莎修女介紹的幾個在印度和西方世界服務的修女修士，討論德蕾莎修女的方法與仁愛傳教修女會的工作。接下來，我們的研究轉向來自世界各地在慈善使者團的收容所服務的志願義工——我們也請他們分享工作的經驗和感受。最後，德蕾莎修女與其修會看過本書之後表示認同，並給予祝福。成果就展現在下面的篇章裡。

約翰・凱恩司
John Cairns

前言

不管我們將德蕾莎修女視為一個勇敢的傳教士抑或一位活聖人，她已經在人們心目中烙下了難以磨滅的印象。我們每個人都對她有所定論。她被視為世界和平的象徵，經常出現在世界十大最受景仰女子的名單上。然而她本人則從未宣稱她自己或她所做的事有任何特出之處。

但我們對她的哲學和工作究竟了解多少呢？當我們設法去探看一般觀感以外的東西時，我們發現，她的信仰和她明確的方向大大的開導了我們如何對同為人類的同胞予以愛、服務、尊重，特別是那些窮苦無依的人。她傳道時說了什麼，她便將之付諸實踐。她所走的是一條簡單純樸的道路，任何人都可以追隨。

過去，當世界亟需領導和精神指引時，就會有極為傑出的精神領袖出現。這些具有強大精神力量的人有明顯寬宏的精神力量，他們的教導也常具有革命性。充滿魅力的阿西西的聖芳濟就是這種人物。

聖芳濟於十二世紀生於義大利，他賣掉所有財產，遵從基督修葺其教會的召喚。起初，他投入貧窮的生活（只穿一件粗布袍），向人乞食，照顧痲瘋病患與遊民。後來，他創設修會，對改革當時極為富裕而常有偏誤的天主教會很有影響力。他死時已經有五千多名發願的會士、神父、修女聚集在他門下繼續工作。今天，芳濟會已成長為世界上最大的修會之一。

聖芳濟是當時的極端份子——甚或被視為異端——因為他過著乞丐的生活、相信神的佑顧、密切遵行福音書的教誨，為基督徒的生活開創一種新的可能。他在教會組織內部對他自己信仰的宗教進行改革，而未與教會決裂，這也是他特別的地方。德蕾莎修女和聖芳濟的一生有許多相似之處。她也歷經貧窮、簡樸、對基督教誨的執著，因此，在目前父系權威制教會的基要教義架構底下，她被視為前進派人士。而在她傳佈行動中的愛與和平的同時，這世界仍然缺乏強而有力的女性領導者，其立足之地是亞洲最大、最貧窮、污染最嚴重的都市之一。

一九四六年天主召喚德蕾莎修女為窮人中的窮人服務，她從照顧她在加爾各答街上看到的一個垂死病患開始做起。今天，她是仁愛傳教修女會的領導人，此一修會於一九五〇年在梵諦岡的認可下由她創立。過去四十五年來，當天主教會的聖君數目逐漸遞減，仁愛傳教修女會的成員則不斷增加，如今在世界各地總數已超過四千人。

仁愛傳教修女會的成員過著貧窮的生活，他們相信這必定會使他們更接近天主。他們信賴祂的佑顧，像聖芳濟一樣只以他人的施予做為生活與工作的憑藉。他們也像聖芳濟一樣以他們教導別人的方式過活，包括不比他們所照顧的貧民擁有更多的東西。他們吃得不多，只有兩套衣服、一雙鞋、一個水桶、一只鐵盤、一些必需用品、一床薄薄的鋪蓋。他們的團體生活以福音為準則——基督徒所遵行的祈禱、愛、寬恕、不下斷語、謙卑、真理、完全順服天主的話語。

看看德蕾莎修女生命中的幾個重要事件，有助於我們了解她的工作目標和她的眾多面向。德蕾莎修女於一九一〇年八月二十六日生於阿爾巴尼亞的司科別(Skopje)，名為雅妮・龔哈・波雅舒(Agnes Gonxha Bojaxhiu)，在三個小孩之中排行老么。童年生活安逸而舒適——父親是建築承包商和進口商，母親雖嚴格卻有著深深的慈愛與信仰。由於父親早逝，生活困苦，母親便經營販售布料和刺繡的生意以維持家計。十幾歲的時候，雅妮加入了當地教區一個名為「善會」(Sodality)的青年團體，透過那裡的活動以及一位耶穌會教士的引導，雅妮開始對傳教的世界產生興趣。

十八歲時，她首次蒙主召喚成為天主教傳道修女，加入一個愛爾蘭修會——羅瑞托修女會——其傳教工作極富聲名，特別是在印度。德蕾莎修女一直很想去印度工作，但她先到愛爾蘭學英語，後來便以教師的身份前往加爾各答的聖瑪麗羅瑞托修院高中(St. Mary's Loreto Convent High School)執教。她於一九二九年一月六日抵達加爾各答，當她於一九三一年五月二十四日發願成為羅瑞托修女時，她依據里修的聖德蕾莎——「耶穌的小花」——之名選擇了德蕾莎這個名字。

離開家園前往世界另一端這個決定以及選擇德蕾莎為名，是了解德蕾莎修女其力量、性格、目標的兩個重要線索。她的熱誠不只是入修會而已，同時也想確實的做些傳教的工作──「走出去把基督的生命給予眾人」，她如此描述她所領受的第一次召喚。

傳教生活是充滿熱情的，帶著一股衝勁，與悲憫行動的信念。德蕾莎修女的拓荒精神亦由此萌芽。然而傳教工作並不僅止於悲憫的行動，德蕾莎修女以里修的聖德蕾莎為其精神導師，便透露出其使命的內涵。聖德蕾莎是家中的老么，父親是法國的製錶匠，早在一八八八年十五歲時就加入聖母聖衣修女會(Carmelite Order of sisters)，明白表示她的天職是「愛」，為教士和傳教士祈禱是她的一個主要任務。她因為生病無法親自去傳教，她所教導的健康心靈之道是簡樸的，充滿犧牲的精神與慷慨的施予，以福音的基本真理為依歸。她寫道：「我的小小行徑是心靈的童真、信賴、絕對的順服。」她將自己比擬為「聖嬰耶穌手中的一顆球」。而德蕾莎修女對她那同樣訴諸信賴與絕對順服的簡樸之道則採取一種較嚴肅、也較實際的觀點，她稱自己為「天主手中的一支鉛筆」。

在加爾各答，德蕾莎修女於聖瑪麗高中教授地理與教義要理，同時學習印度語和孟加拉語，於一九四四年成為該校校長。那是一段艱難的時光──食物限額配給、工作量持續增加——德蕾莎修女的身體本就不是很健壯，此時更罹患了肺結核。她無法繼續執教，被送往喜馬拉雅山麓的達吉陵(Darjeeling)休養。

在一九四六年九月十日的火車上，她接受了第二次召喚——「召喚中的召喚」，她如此描述，「當它到來時，唯一能做的只有說『好』。訊息非常明確——我將放棄一切，跟隨耶穌進入貧民窟——在窮人中的窮人之中服侍祂。我知道這是祂的意思，我必須遵從祂。毫無疑問的，這工作將為祂而做。」「我將離開修院，與貧民一起工作、一起生活。這是一項指令。我知道我的歸屬，但我不知道如何才能抵達。」

將傳教服務的工作自教師轉換為僕人的角色，自安定舒適的會所轉換至除了超凡的信仰與不尋常的識見之外，一無所有的境界，花了她數年的功夫才得到批准。

德蕾莎修女在聖瑪麗高中待了十九年，期間與其共事的許多修女於訪談中總會提到當時的德蕾莎修女身體虛弱，思想行為也沒有特出之處。如今，在人們的心目中，她是典型精力旺盛的行動家：她見到世間的某種需求，並據此行動：她排除萬難建立組織，擬訂架構，並於世界各地設立分支機構。這也再次顯示出其性格與生活中明顯的特異之處。德蕾莎修女是世間生物與超凡靈魂的罕見混合體，此一混合藉由祈禱得致。她表示，祈禱幫助她達到「人間與天堂的適當平衡」。

在堅強意志和完全順服天主之間所獲致的這種平衡是很有啟發性的，因為她曾提到，在聖潔之道上前行「所依靠的是天主和我自己——天主的恩寵和我的意志。成功的第一步是把事做成功的意志。」

當人們問到德蕾莎修女的聖潔行止與聖人風範時，她總是淡淡的說，聖潔具有必然性，它不是少數人的專屬品，並非只有過修會生活的人才能擁有，而是「所有人的單純任務，人人皆可聖潔。」

她之所以被許多人稱為「活聖人」，可能起因於一個在現代生活中愈來愈受到讚美的特質：平衡。著名的印度導師克里思納穆提(Krishnamarti)認為聖潔源自「完整性」，也就是把我們自身所有相異的部分均勻的組合成一個完整的人。德蕾莎修女的心靈歷程顯示出，在祈禱、內思的生活和將愛付諸行動的實踐生活之間求取平衡是多麼重要。這或許非常簡單，但在德蕾莎修女的簡單與純樸背後是許多年的經驗與奉獻，所產生的信仰、意志與智慧是無可匹敵的。

她能均衡的意識到現時現地的細微事物以及較寬廣、較持久的層面，使她親切可敬、行動積極且敏銳善感、易受傷害卻很堅強、極度入世卻也祈禱內思。以下兩個故事突顯出她的雙重特質：行動慷慨熱切，心思敏銳善感。一位英國籍義工十幾歲時在他就讀的高中，第一次遇見德蕾莎修女，留下深刻的印象。「她能夠同時對我們所有人和任何一個人講話。我想這就是她使我們印象深刻的原因，她與我們之間有充分的交流。自從我第一次遇見她以來一直都是如此。不管她和誰講話，那個人就成為她跟前最重要的人。無論你是總統或是無名小卒都是如此。我喜歡這種感覺，我想大部分見過她的人都有相同的感受。」

一位在加爾各答幫忙仁愛傳教修女會的女士正思索著自己未來的方向，一天她在修道院德蕾莎修女房間外的走廊上與她偶遇。「她正與一些人會面——我面前有一對印度夫婦，她突然轉過身來，看著我，對我說道：『你什麼時候才下定決心呢?』我愣在那裡，我什麼都沒說！她似乎看透我，使我極為感動——她摸了摸我，那天其餘的時間我都待在教堂裡哭泣，試著從情緒的激盪中恢復過來。我知道我必須儘快決定未來的方向，我拖得夠久了。」

由於國際間對德蕾莎修女的敬重，人們對她有許多期待。身為女性，她為什麼不為教會和世界的重要女性議題發言?德蕾莎修女當然不會在言語上悖離教會的律則——她不能，事實上可能也不想。如果有人問她墮胎或女性教士等敏感議題時，她的立場非常清楚。所有人的生命在天主眼中都是珍貴的，沒有任何例外;對於女性擔任重要聖職的問題，她引基督之母瑪利亞來回答。她表示，瑪利亞可以是最好的司鐸;然而她自稱為——也一直是——主的侍女。瑪利亞是德蕾莎修女和所有仁愛傳教修女會的典範，象徵極度的聖潔、純粹、貞節、順服與神聖母性而成為熱切祈禱的對象。敬禮聖母是女性通往基督心靈之道。以下是德蕾莎修女和仁愛傳教修女會常常誦讀的祈禱文:

瑪利亞，耶穌之母，讓我心如祢心，如此
美麗，如此純潔，如此完好無瑕，充滿如此的
愛與謙卑，讓我能在生命之糧裡領受
耶穌，如祢愛祂一般的
愛祂，在祂化身為窮人中的窮人的悲苦
身形中服侍祂。

這種（為貧民所做的）服務，德蕾莎修女於本書有詳細描述，它不只是為窮苦的人做事，更重要的是在他們受苦時陪伴他們，與基督共同承擔苦難。德蕾莎修女經常表示：「聖若望和我們的聖母在十字架底下所做的就是這些。」

許多仁愛傳教修女會收容所都有瑪利亞的大型雕像，有時頗為華麗，大多身著藍色與白色的長袍，如她在盧德(Lourdes)現身於聖伯納德德(St. Bernadette)面前的模樣，或是身邊環繞著星星與亮光的天上之后形象。然而德蕾莎修女也有明顯的普世主義傾向。例如，在加爾各答的培倫•丹——仁愛傳教修女會結核病患與心智障礙者之家——入口處立著一尊真人大小的聖母塑像，身披藍色斗蓬，手持天主教玫瑰念珠。不過再仔細看，會發現她有一張印度人的臉，身著一襲印度白袍裝，腳下踩著一朵碩大的粉紅色蓮花。

許多通常由司鐸執行的事務——如聖體降福和每日彌撒的部分儀式——都由修女們與德蕾莎修女自己執行，一般說來，每個人都如常的服侍天主，沒有太多儀規的限制。

德蕾莎修女曾如此描述自己：「就血統與出身而言，我是道道地地的阿爾巴尼亞人、我是印度公民、我也是天主教修女；就我的使命來講，我屬於全世界；就我的心而言，我完完全全屬於耶穌的心靈。」她也定義了她在世界上所扮演的角色：「我們的工作是鼓勵基督徒與非基督徒從事愛的工作。每一件愛的工作如果全心全意去做，都將讓人更接近天主。」她慈悲的訓令是舒解他人的苦痛，把愛散播全世界——由天主教的兄弟姊妹們在大多無基督信仰的地區服務，且不勉強那些接受幫助的人入教。

德蕾莎修女所選擇的是大多數人無法做到的愛，她在窮苦的人與受苦的人之間去愛。在那兒，她的工作與勞力已開花結果，在她簡單質樸的道路上留下清晰的足跡。

簡單質樸的道路

基督徒的生活一直是愛天主、愛鄰人，就像愛我們自己一群。也許是受到東方世界的影響，德蕾莎修女為我們和他人萃取出創造和平的六個步驟，無宗教信仰或具有基督以外宗教背景的人都可遵行，而且不會與原先的信仰或實踐有所扞格。因此，我們可以將德蕾莎修女以及其會眾所說的話中，提到耶穌的地方，換為其他的神祗或其他神聖的象徵。

然而，德蕾莎修女選擇了循著基督之道而行。耶穌基督是她的至聖導師，她對基督的許諾是她和其他仁愛傳教修女會一切工作的中心支柱。在貧窮、服從、全心為窮人中的窮人服務的誓約以外，修會中的男與女也要宣誓貞節，女士因此誓約獻身基督，男士的心靈則因此誓約自由的「燃起對天主與全人類的愛火」。

德蕾莎修女（以及她的所有姊妹們）自稱為「基督的淨配（Christ's spouse)」：修女們受召在此牽繫裡終其一生，全心全意摯愛耶穌。德蕾莎修女曾經表示，這牽繫是一種愛，類似妻子對丈夫的愛。「我們每一個女子都有能力運用這份愛。我們不必因投入感情摯愛耶穌，而感羞赧。」這使得有一次她對許多人說，她一定是結了婚，才能如此智慧的體認愛的牽繫這個說法回應道：「我是結了婚，但有時候我覺得很難和祂笑臉相對，因為祂的要求是如此嚴格！」這一份經由貞節誓約，對天主的奉獻和承諾，是所有修女生命的中心支柱。立此誓約便放棄了婚姻，從此獻身天主。這份承諾比婚姻更為極致，因為給予他人的愛唯有透過對天主的愛才有可能。「在我的內心，我已不能以女人對男人的愛去愛任何人，」德蕾莎修女曾如此表示，「我無權把這份情感獻給天主以外的任何人。」

兩位曾在出書過程中提供協助的仁愛傳教修女會修女，分享了她們受召加入這種特殊的生活與誓約的故事。其中一位說：「我曾研讀有關德蕾莎修女與其事跡的資料，我有很深的信仰，我相信聖經裡說的：『你為我兄弟中最小者所做的一切，都是為我。』這是我小時候對生活的憧憬，長大以後我發覺這是我可以選擇的道路，我將因此為耶穌做愈來愈多的事情。這是清楚而立即的召喚，因為我知道在這裡我可以為基督做事，將我生命的每一刻獻給他人，在天主面前奉獻。」另一位修女說：「我所做的一切都是為了耶穌。否則一切都是沒有價值的、無用的。當我體認到我正在為祂做事，我會注入更多的愛，以更悲憫的態度來對待受苦的人。我在為祂做事此一認知使我的生命充滿意義，而這意義日復一日不斷的增長。」

仁愛傳教修女會的章程將這一份對基督的許諾描述為「一種比血肉之情強過千百倍的愛之牽繫」。德蕾莎修女和仁愛傳教修女會便在這種交融與牽繫之中祈禱、互愛、工作、分享。她們在其簡單純樸的道路上過著貧窮的生活、舒解人們的苦痛便是源於此一深深的愛的牽繫。基督的愛不只呈現於這個世界，

貧窮是絕佳的贈禮

（見21頁）

我們擁有愈多，我們所能給的就愈少。

貧窮是絕佳的贈禮，因為它給我們自由

貧窮代表著我們與天主之間

少了一些障礙。

祂還透過祂在十字架上所受的苦難來顯現祂的愛。德蕾莎修女的行事態度是透過貧民與受苦者的眼睛觀視苦痛並予以舒解。

在世界各地的仁愛傳教修女會教堂裏，耶穌苦像的上方總會有「我口渴」的字樣，這是基督臨終之言，它提醒所有的仁愛傳教修女會：他們所做的每一件事都有某種暗示。「我們的目標是使耶穌基督在十字架上對靈魂之愛的無盡渴求得到滿足。我們在貧苦者之中服侍耶穌，我們照顧祂、餵養祂、給祂衣服、探視祂。」（摘自仁愛傳教修女會章程）

德蕾莎修女給貧窮的定義非常寬廣。她將「我兄弟中最小者」定義為：

「饑餓者與孤單者，他們不僅希求食物，也希求天主的話語；口渴者與無知者，他們不僅希求飲水，也希求知識、和平、真理、正義、愛；裸身者與無人愛者，他們不僅希求衣服，也希求人的尊嚴；無人陪伴者、胎兒、遭種族歧視者、無家園者、被棄者——他們不僅希求堅固的棲身之所，也希求一顆了解、保護、充滿愛的心；患病者、貧困瀕死者、被囚者——不僅身體上如此，心靈與精神上也如此；所有已經喪失一切生活的希望與信仰的人、酗酒者、吸毒者、所有失去天主的人（對他們而言天主曾在，但天主一直是在的）、不再寄望於聖神力量的人。」

一位曾於加爾各答幫忙修女的神父（司鐸）義工談到貧苦者說：「他們是沒有任何東西可供確證、沒有任何東西可供保護的人——他們在人們或天主面前未曾擺弄任何姿態。當你所得到的即為你全部所有，能夠留下來的就只有你自己，你所能做的只有接受別人給你的東西。就某方面來講，這正是貧苦者受到祝福的原因，因為他們知道什麼才是真正重要的。」

要為貧苦者服務、讓他們接受，在某個層面上摒棄自我是必要的。德蕾莎修女將其生活中貧窮的必然性視為工作的必備條件。「除非你過貧苦者的生活，否則你如何能真正了解他們？」她問道：「如果他們對食物不滿，我們可以說我們也吃同樣的東西。我們擁有愈多，我們所能給的就愈少。貧窮是絕佳的贈禮，因為它給我們自由——貧窮代表著我們與天主之間少了一些障礙。」所以當有人要款待仁愛傳教修女會時，他們從不接受。「貧困者在他們破陋的居所裡極少能得到什麼，為了表示對他們的尊重與同情，我們也從不接受招待。」

如同某種狀態的貧窮一樣，「心懷大愛做小事」也是在愛與服務時不可或缺的。「這很簡單，卻也不容易，」德蕾莎修女說道，接著她說明這麼做所常引發的苦痛。有五種苦痛——身體上的、心靈上的、情緒上的、錢財上的、精神上的，這五種苦痛或個別、或全部一起於某個時候出現，無論你本身是接受愛的受苦者，抑或你是施愛予受苦者。所有的苦痛皆被視為一種犧牲。德蕾莎修女形容這種作為是「愛，直到成傷」、「若果成傷，如是更好」。她相信，了解痛苦並真誠的接受將使人得見其終極價值。此說與受難基督的救贖有關：

「耶穌分擔我們的生命、我們的孤寂、我們的苦惱、我們的死亡，祂想藉此幫助我們。唯有與我們合而為一，祂才能救贖我們。我們也可以這麼做：貧苦者物質上與精神上所有的貧乏與不足都必須得到救贖，我們必須一起分擔，因為只有與他們合而為一，我們才能救贖他們，也就是說，我們要將天主帶進他們的生命之中，同時將他們帶給天主。」

藉著愛與仁慈的行為，分擔苦痛與貧窮，是仁愛傳教修女會傳教工作的根本。「如果我們不受苦，我們所做的只不過是社會工作。」這些兄弟姊妹們帶著欣喜與快活的心情接受苦痛，而非以冰冷肅穆、自我犧牲的心境面對它，他們的工作因而充滿了喜悅。「抱怨有什麼用？」德蕾莎修女說。「如果你接受苦痛並把它獻給天主，這將帶給你喜悅。苦痛是天主的大贈禮；真誠的接受它的人、深深的愛人的人、奉獻自己的人都知道它的價值。」

藉由此書，尤其是透過生活與分擔工作，德蕾莎修女邀請我們一起來認識貧窮與苦痛，體驗來自施與受的快樂與喜悅。要真切的明瞭她和其他一路走過來的人所說的話，必得有實際接觸的經驗——這種接觸隨時會在那六個步驟中產生。這是親密、信仰、信念、心靈、慧美的接觸；它會在其成果中維繫著。這些成果，德蕾莎修女無時無刻不在體驗著——除了她在本書中所說的以外，言盡於此。透過她所說的話以及她所做的工作我們可以自己來體認這些成果；秉持著愛來做平凡的事情，我們所能成就的，是非凡的——「一天一次，足矣」。

魯心妲・瓦廸
Lucinda Vardey

閱讀之前

一個崇拜德蕾莎修女的印度商人，曾經為她寫了五句話，並印在黃色的小卡片上（參閱27頁）。她將這些卡片稱做她的「事業卡」，免費分送給人們，因為這些話清楚的闡明了她工作的方向，她簡明的道路。那是她為著天主的大愛與同儕共事長久的經驗中，淬煉所得的一條道路，由六個基本步驟組成：沈默、祈禱、信仰、愛、服務、與和平。習於其中一步，自可導向下一步。一個人如果能順服於此一進程的本質，生命必然更為平順，更為喜樂，更為和平。

這些年來，許多自覺受到啟示的男男女女加入德蕾莎修女的工作。他們誓言清貧、貞潔、服從，並全心無償的服務窮人中的窮人，且經過長時間的訓練成為仁愛傳教修女會(Missionaries of Charity)的資深成員。這個修會(the

Order)是由德蕾莎修女創辦的，其成員由她一手訓練，有她支援。所以，在本書中發言的修女、修士的工作和態度，都領受過德蕾莎修女簡明質樸的哲學。

這攝人的力量，以其無盡擴張的圈子向外發散，體現在全球各地協助仁愛傳教修女會義工的經歷當中。藉由與修女修士一同工作，這些義工也吸收了德蕾莎修女的生活態度。他們都能身體力行，尙且有許多使之重現於西方世界特殊狀況中的事例。故而他們的見證極具價值，發人深省。

在思索與實踐本書中的種種思想與建議之際，我們也會發現這簡明道路的益處──我們未必要是天主教徒，或具備特別的宗教情懷，也能依樣行事。

往後的篇章裏，有許多實行的方法，可以在我們所處的社團中親自嘗試。倘使不嫻於靜默或祈禱，或是不確定自己是否確信什麼，那麼德蕾莎修女建議我們，對他人做些關愛的小小行動──我們會發現自己將能敞開心房。重要的是，在閱讀之際，我們應該實行些什麼事，無論是任何事。透過愛的行動，我們（還有旁人）將因此而更為豐富。

一條簡單的道路

沈默的果實是祈禱

祈禱的果實是信仰

信仰的果實是愛

愛的果實是服務

服務的果實是和平

28 一條簡單的道路

PRAYER

沈默的果實是祈禱

我們都應該花時間來靜默沉思，特別是那些生活在如倫敦、紐約這般諸事變動迅速的大城市中的人們。是以，我決定在紐約，而非喜瑪拉雅山，為默觀修女們（contemplative sisters，她們一天中多數時間用在禱告上）開設我們的第一個家；因為我覺得，在世間的大城中，更需要靜默與沈思。

我向來在靜默中開始禱告，因為天主在心的沈靜中言說。主是沈默的朋友——我們必須諦聽天主所言，要緊的不是我們說了什麼，而是祂對我們或透過我們訴說什麼。祈禱滋養靈魂——一如血液之於肉身，祈禱直抵靈魂，領你更親近主，並給予你一顆清潔純淨的心。清淨的心能見上主，能對主說話，能在他人身上見到天主的愛。當你有顆清淨的心，意味著你對上主是開放而誠實的，你無事瞞祂，任祂自你身上取其所欲。

若你亟欲尋找天主，卻不知從何開始，學著禱告，每天費事禱告，何時何地皆宜，未必要置身於祈禱室(chapel)或教堂之中。你可以在工作時祈禱——工作未必打斷禱告，禱告不必停止工作。你也可以求教於神父或牧師(minister)，甚或試著直接對天主說話。僅只是說話。告訴祂一切，就對祂說。祂是我們全體的父，無論我們屬於任何宗教。我們都是天父所造就的，是祂的孩子，當信服祂，敬愛祂，相信祂，為祂工作，信仰祂。只要禱告，便可得到一切我們所需的答案。

沒有禱告，我甚而無法工作上半個小時。透過祈禱，我由天主那兒得到力量；這是包括多羅瑞絲姊妹在內的所有姊妹們都瞭解的。多羅瑞絲姊妹加入我們的修會已歷三十五年，目前執掌我們在加爾各答為垂死及赤貧者所設的家──尼摩．何里得。她說：

「每天早晨，姊妹們醒來，明瞭自己須得再度承受的一切；有時那對她們來說是很艱難的。祈禱給她們力量。祈禱撐持我們，幫助我們，給我們滿懷喜悅去完成必行之事。我們以禱告和彌撒開始一天，以一個小時耶穌之前的朝拜來結束一天。要持續工作、不斷給予，需要主的恩典──非此我們或者無能存活。」

此外，負責掌理我們在加爾各答的孩童之家──希舒．巴滿的夏荷曼．荷絲姊妹說道：

「若非憑藉禱告，我不知道我們何以能面對這種熱浪與繁重的工作；但這一切作為全是為祂，是以我們樂此不疲。」

卡特里姊妹，服務於我們在紐約市布朗克斯(Bronx)的家，以她自身的經驗為見證：

「一個人所能做的最重要的事，便是禱告。因為我們是為天主創造的，除非與祂一同安歇，否則我們的心靈，也得不到平靜。正是因著禱告，我們得以親近天主。我們是為天堂創造的，如非經由某種形式的禱告，天堂就難以企及。禱告並不需要是正式的。

我慣常將這種看法，與我所拜訪的獄中人們分享，並告訴他們這個譬喻：若你必得去旅行一趟，你需要什麼？他們說：『你需要一輛車和汽油。』(有一位答道『音樂！』) 我們總能享有美好時光，在於視禱告為油料，以車喻為生命，這段旅程便是邁向天堂之路。你得要有張地圖，要知道目的地。我要說的重點在於，祈禱便是生命的動力，捨此我們不能企及旅途終點，無法達致存在的極致。」

如何禱告：與天主的簡單接觸

以祈禱為一天的開始和結束。如一個孩童般走向天主。若你覺得難於禱告，你可以說：「聖神，請降臨，引導我，保護我，潔淨我的思想，讓我能夠禱告。」或者，向瑪利亞祈禱，你可以說：「瑪利亞，耶穌之母，現在做我的母親，助我禱告。」

當祈禱時，要感謝天主所賜的一切，因萬事皆為祂所有，是祂所贈。你的靈魂是上主的恩惠。若你是基督徒，你可以誦念《主禱文》；若為天主教徒，便吟讀《天主經》（*Our Father*）、《聖母經》（*Hail Mary*）、《玫瑰經》（*The Rosary*）、或《信經》（*The Creed*）——任何常用的祈禱文。如果你個人或你的家庭另有宗教信仰，便依其形式禱告。

如果你信任上主及禱告的力量，你將克服一切人們時常感受到的疑惑、恐懼和寂寞之感。

如果你是天主教徒，當有什麼事令你生憂之際，可前去告解。你將變得全然潔淨，因為耶穌透過教士來寬恕一切。天主美好的恩賜，令我們可以滿身罪孽的前去告解，而得全然純淨的解脫。然而，不管你告解與否，不論你是天主教徒還是有其他宗教信仰，至少應該知道如何對主說抱歉。

每晚臨睡前，必得審察你的良心（因為你不知道明晨你是否依然活著）！無論是什麼事物困擾著你，還是犯下了什麼錯誤，應該去挽回。譬如說，要是竊取了什麼，試著歸還它；傷害了什麼人，便與他和好。直接的做。如果辦不到，至少可以與主和好，可以說：「我很抱歉。」這很重要。正如我們有發自愛的行為，也當要有悔過的行動。你可以說：「主啊，我很抱歉冒瀆了祢。我答應祢，試著不要再犯，」或是諸如此類的話。得釋重負，且有顆潔淨的心，感覺真好。記得主是慈悲的，祂是我們慈悲的父。我們是祂的孩子。若我們記得如是而行之，祂會寬恕我們，忘卻我們的罪。

首先檢視你的心，看看是否內中欠缺對他人的寬容。如果我們無法原宥他人，何能企求上主的寬赦？要記得，若是真正的悔改，誠心為之，在主的眼中，

心懷大愛做小事 （見22頁）

「心懷大愛做小事」

也是在愛與服務時不可或缺的。

你本身是接受愛的受苦者

抑或你是施愛予受苦者，

所有的苦痛皆被視為一種犧牲。

德蕾莎修女形容這種作為是

「愛，直到成傷」、「若果成傷，如是更好」。

她相信

了解痛苦並真誠的接受將使人得見其終極價值。

你將得赦免；若真心告罪，祂會原諒你的。所以，祈禱自己能夠原諒那些傷害過你的，或不為你所喜的人；寬恕他人，一如你之獲得寬容。

你也可以為別人的工作禱告，並幫助他們。譬如在我們的團體當中，有所謂「第二個自我(Second self)」的助人者，為著需要力量去面對繁重工作的姊妹禱告。也有默觀的修女和修士們，總是為我們祈禱。

關於祈禱的力量，和天主總是如何回應我們，有著許多的故事。白博特神父因對我們的工作感到興趣，而來加爾各答探訪我們。他來得正是時候：

「當時我正在參訪德蕾莎修女和仁愛傳教修女會的工作之際，決定去參加聖母院的彌撒。來到大門口，一位姊妹迎上前來，對我說：『感謝主你來了，神父，請進。』我說：『你怎麼知道我是神父？』我並未著神父的袍服。她答道：『平常為我們主持彌撒的神父不能來，故我們祈求主差遣另一位神父來此。』

使你的家庭成為愛之家

祈禱對孩童而言，或在家庭中，是必需的。愛始於家庭，因此，一同禱告是需要的。能夠共同祈禱，便能共處，彼此相愛，如上主之愛你們當中的每一個人。無論信仰何種宗教，我們當共同祈禱。孩童應學習禱告，父母則當與他們一同為之。不這麼做，將難於令自身在信仰中變得神聖、有擔當、有力量。

泰瑞西納姊妹，是英屬與愛爾群島的地方長上(Regional Superior)，與我們分享她的經驗：

「家庭應當是孩童的性靈初步成形之處，且在家中被撫養，得以成長茁壯。時至今日，這種情形已不多見。我們所接觸到的為人父母者，大多已失卻了信仰，便也失去了對上主某種程度的依賴。他們喪失了一切天主所能賦予他們以適切教養孩子的恩典，喪失了必要時可以引導孩子的智慧與明辨。許多為人父母者對我說：『抱歉，我就是沒法子管住孩子，他們全然不受控制。』」

目前全球的家庭中，有著如許的苦楚，故禱告甚是重要，寬恕亦然。人們問我，對努力挽救婚姻關係的夫婦有何建言，我總是答說：「禱告與寬恕。」對來自暴力家庭的青年人，也是「禱告與寬恕」；對沒有家庭扶持的單親媽媽，仍舊是「禱告與寬恕」。你可以說：「主啊，我愛祢，我主，我抱歉，主啊，我相信祢，我信靠祢，助我們彼此相愛，一如祢愛我們。」

我們為著自己的家庭向「聖家」（瑪利亞，若瑟，和耶穌）祈禱。我們說：

天父，納匝肋的神聖之家，
是祢給我們的生活典範。
幫助我們，噢！慈愛的父，
讓我們的家如納匝肋一般充滿
愛、和平、喜悅。
願它深沉默觀、感恩讚美、喜悅盈庭。

幫助我們，讓我們在家庭祈禱聲中，
同享喜悅，同擔悲悽。
教導我們，讓我們在家人身上得見耶穌，
尤其在祂所化身的悲苦身影。
願耶穌在聖餐中奉獻的心讓我們的心，
如祂的心一般溫良而謙恭，
同時協助我們以聖潔之道，
善盡我們對家庭的義務。
願我們彼此相愛，
如同天主愛我們每一個人，
願這份愛天天滋長，永不停歇；
願我們寬恕彼此的過錯，
如同祢寬恕我們的罪過。
幫助我們，噢！慈愛的父，

讓我們拿取任何祢所給的，
任何你要的也都滿心歡喜的讓祢取走。
亞利無玷的心，我們的喜悅之因，
請為我們祈禱。
聖約瑟，請為我們祈禱。
聖潔的護守天使，請與我們長相左右，
指引我們，
保護我們。
阿門。

上帝是沈默的朋友

我們都需要靜默的時間，藉以反省、禱告。許多人告訴我，在他們忙碌的生活中，是如何的難得有沈靜。以下先後是泰瑞西納姊妹和卡特里姊妹就此所提供的想法和建議：

「我發現，現代生活中有太多的噪音—因此有許多人害怕靜默。既然天主僅只在靜默中言說，故而這成了探尋上主的一大問題。譬如說，很多青年人不知如何反省，只憑本能行事。

現今的大城市中如此混亂，充斥肢體暴力，滿是憤怒、挫敗和咆哮之聲，與和平的鄉間或瀑布的流水聲，有著天壤之別。人們試圖以食物、廣播、電視和忙碌的外在活動來填充這虛空。但唯有靈性，唯有上主能充實這樣的空無之感。如果我們騰出時間，讓主進入這片空間，只消在禱告中與主同在，我們的饑渴輕易的就能獲得滿足。由此，我們與天主的關係，和自身的屬靈生活，將得以茁壯。但要在這紛擾的社會中祈禱，殊非易事。」

「身為仁愛傳教修女會中的姊妹之一，我沒有太多的機會獨處。選擇了清貧的生活，往往意味著難有隱私—沒有自己可堪獨處以祈禱冥思的房間。然而，有一次，我終於有一整天獨處的機會，我真正想要做的第一件事，便是閱讀—我熱愛書，但我總是忙到忘記讓自己如願盡興的閱讀。對我而言，栖亞那的聖女加大利納(St Catherine of Siena)的文集，蒙上主的恩賜，它正是我需要讀的書。回溯至十四世紀的義大利，她也曾處於相同的窘境中——生長在一個有二十五個孩子的家庭中，試圖要去祈禱，要能靜默。她寫道，我們每一個人，是如何的必要在自身中找到一塊「密室」，以憑禱告，以與主同在。她認為，我們之中的多數人無法避居山中，或成為洞穴中的隱士，所以需要內求如此特殊的所在。我相信我們能夠做到，且應依她的忠告而行。在生命中的種種責任當中，我們仍須學習禱告，即便是置身喧鬧的家裡或城市中，要能去發現沈靜的氛圍。

我慣常以每週出訪的機會去到地方監獄，親睹那兒的人們之饑渴於這樣沈靜的所在。我們常花時間一同禱告。能夠見到那些強悍的人們如孩童般誠心垂首祈禱，真是美好——其中的許多人曾經殺過人，經歷過艱困的生活。我知道他們一旦步入某種沈靜的氣圍，便浸入平和的狀態。」

以下是多羅瑞絲姊妹的建議：

「如果世人每天都能夠花上五到十分鐘停下來思考，將有助於我們行使主的工作。因為我們需要反省，要日日祈求祂的眷顧，讓祂進入我們的生命，俾使我們再將祂推及於旁人。我們的生命因有主在其中而有意義，一切事物因此而有價值，而得成就。」

主前諸事平等

天主是獨一無二的，為萬物之主，因此，每一個人在主前都是平等的。我總是說，我們應該幫助一個印度教徒成為一個更好的印度教徒，幫助一個回教徒成為更好的回教徒，助天主教徒成為更好的天主教徒。維諾德修士執掌我們設在加爾各答的第達加痲瘋病人中心(Gandhiji Prem Nivas)，他瞭解我們是如何的嘗試著不要去說教，而僅只是透過行動和奉獻來表達信仰，正如身在倫敦的泰瑞西納姊妹所為：

「我們相信，自己的所為當是對世人的實證。我們這個團體共有四百七十五人，有三十個家庭信仰天主教，其餘分屬印度教、回教、及錫克教等不同宗教，但他們都來參加我們的禱告。七點鐘一到，每個人都來聚會三十分鐘。我們一同閱讀，讀聖經，或是其他經文——任何書都可以。病人時而會來個小小的禱告。」

我與不同宗教信仰的人同做禱告，從未遭遇過困難。我發現人們渴求於上主。不論是基督徒或回教徒，我們邀請他們一同禱告。我們在西班牙和法國的傳教所(mission houses)中，回教徒佔相當大的比例。他們想要禱告，所以我們的重點在於鼓勵他們祈禱，與主建立關係，不論是什麼樣的關係；因你若能做到這一點，其他的一切自會相繼而來。」

每天祈禱

試著感受在一天中經常禱告的必要性，不厭其煩的禱告。祈禱能開闊心胸，直使它能容下上主親賦的恩賜。去問，去探求，你的心靈將成長到足以接納祂，使祂成為你所有。

以下是我們每天唸誦的祈禱文。如果你不知道如何禱告，或想要知道更多，希望這對你能有助益。若你不是基督徒，可以「上主」來替代「耶穌」。

讓我們都成為耶穌之葡萄藤上一枝實在
且結實纍纍的枝蔓，在我們的生命中
接納祂，祂將歡喜的
來到我們的家庭與鄰里之中，

祂是——
真理——要被傳述；
生命——要被經歷；
亮光——要被點燃；
愛——要被愛；
道路——要被遵行；
喜悅——要被給予；
和平——要被散播；
犧牲——要被奉獻。

噢！天主，我們相信祢就在這裡；

我們崇拜祢，我們愛祢，全心全靈，
因為祢最值得我們全部的愛。
我們亟思像天堂諸聖愛祢般的愛祢，
我們崇仰祢的神意所展佈的一切，
我們完全順服，祢的意旨。
我們愛鄰人就像愛我們自己也是為祢；
我們真心寬恕所有曾經傷害我們的人，
同時請求所有我們曾經傷害的人原諒我們。
親愛的耶穌，幫助我們，
讓我們不管走到那裡都能散播祢的芳香。
將我們的靈魂注滿祢的精神與生命。
穿透與統攝我們全部的存在，
如此的徹底，
好讓我們的生命只是祢燦爛光華中的一束微光。

透過我們發亮發光，同時將這亮光留駐我們身上，
好讓我們接觸的每一個人，
都可以在我們身上感覺到祢的存在。
讓他們抬頭仰望時不再看見我們，
而只看到耶穌！
留在我們身邊，如此我們將如祢一般發亮發光；
為照耀他人而發亮發光；
噢！耶穌，這全是祢的光亮，無一絲來自我們身上。
是祢透過我們朝他人發亮發光。
因此讓我們以祢最喜愛的方式讚美祢，
此即朝我們身邊的人發亮發光。
讓我們不須傳道便能傳祢的福音，
毋須話語，只要我們立下榜樣，
只要我們藉由我們的作為發散吸引人的力量與引發共鳴的影響，

只要我們心中對祢滿溢的愛，
在他人眼中是如此的清楚明朗。
阿門。

噢！耶穌，解除我
被愛的想望，
被誇獎的想望，
被尊崇的想望，
被讚美的想望，
被喜歡的想望，
被請益的想望，

被贊同的想望，
受歡迎的想望，
被羞辱的恐懼，
被蔑視的恐懼，
被責難的恐懼，
被毀謗的恐懼，
被遺忘的恐懼，
被冤枉的恐懼，
被訕笑的恐懼，
被懷疑的恐懼，

FAITH

祈禱的果實是信仰

天主無所不在，萬事萬物皆有祂的蹤跡，沒有祂，我們必無法存在。我從未懷疑天主的存在，不過我知道有些人是懷疑的。如果你不信天主，你可以奉獻愛心，幫助他人，而這份愛的奉獻將開花結果，使你的靈魂更添慧美。於是你將逐漸敞開自己，並企求天主的愛與喜悅。

各種宗教林林種種，追隨天主之道各不相同。我追隨基督：

耶穌是我的天主
耶穌是我的淨配
耶穌是我的生命
耶穌是我唯一的愛
耶穌是我一切中的一切
耶穌是我所有的一切

因此我從不恐懼。我工作時，耶穌伴隨著我，我的工作全是為了耶穌、向著耶穌，因此成果歸祂所有，非我獨有。如果你需要指引，耶穌是你唯一所求。你必須把自己完全交給祂，絕對的信賴祂。如此，所有的疑慮將被驅散，你將會充滿信心。耶穌說：「你們若不變成小孩，你們不能接近我。」

泰瑞西納修女的解釋是：

「我們為天主的國度工作，我們為天主的國度奉獻自己的生命，因此祂必然是我們的指引者、領導者、供養者。例如，我們無時無刻不曾感受到天主的眷顧，所以我們不去囤積我們想要得到的東西，而只有在任何該來的事物來的時候予以處置。我相信如此我們將持續領受天主的恩寵——特別是——如果我們不浪費奢侈，如果我們不一心寄望未來、無視當下而活。我們必須知所進退——當天主的時刻來臨，一切都是簡單明瞭，反之，一切都將艱難繁雜。我們必得確實的聆聽天主，無論祂以任何方式捎來的邀約。」

卡特里修女描述將生命託付天主的感受，她如此說道：

「如能確實的相信天主的眷顧，自由已在其中。我們為現在而活，不去擔憂明天的事，雖然訂定計劃顯然也是有責任感的表現。有人會預先訂定一年的計劃，我們則不曾這麼做過。有時人們會因為某件事情欠缺預先的計劃，就不願意去做，我們則不這麼想。我們的態度是至少要試一試——而通常就能獲得良好的成果。」

讓耶穌毋須徵詢你的想法而逕自驅使你。我們讓祂取走祂想要的，所以儘管收下祂所給的，當我們送上祂取走的東西時，也當滿心歡喜。接受天主的禮物同時滿懷感激。如果祂給了你巨大的財富，善用它，和別人一起分享，和一無所有的人一起分享。任何時候都要和他人共享，因為即使是一點點微小的幫助，你也能使他們免於窮苦。檢視自己實際的需要，毋須多求。接受任何來到你面前的事物。

紐約的修女們這些年來，得到牙醫馬各的大力協助。有一次他告訴我們下面的故事，具體說明了我所謂接受的涵意：

「我相信事情的本貌無有瑕疵——問題出在我怎麼看待它。我記得有一次

苦痛是天主的大贈禮

（見22頁）

如果我們不受苦，我們所做的只不過是社會工作。
真誠的接受它的人、
深深的愛人的人、
奉獻自己的人都知道它的價值。

我正和一位修女談話，那時我的妻子孕事不順，將產下早產兒。我立即的想法是我會祈禱小生命能平安無事。接著我領悟到不應如此祈禱。我應該祈禱能獲賜力量去接受天主為我們安排的事物。」

身為仁愛傳教修女會，我們在此幫助窮人中的窮人，無論其以何種形式出現，總是身著窮困外衣的基督。我們做事分文不取，就像我們為耶穌做事一樣。祂照顧我們。如果祂授意完成某事，祂會提供我們方法，如果祂沒有給我們方法，那就表示祂無意完成此事。

這對每個人來講都是適用的，不管你是不是仁愛傳教修女會，如同白博特神父的評述：

「我認為當你專注於金錢和產權時，你是循著物質世界之道而行，你追求的是『大』、『上』、『更多』。它成為你的行事議程，而任信仰遠遁。必須心存信仰，要相信天主給我們的現實——相信事情自能善了。

沒有兩個世界——物質世界和精神世界——世界只有一個：天主在人間的國度，也就是祂在天上的國度。許多人祈禱著：「我們在天上的父啊」，認為天主高高在上，因此形成二元的世界。西方世界有許多人喜歡把物質和精神分開來，圖個輕鬆便利。所有的真理都是唯一，所有的現實都是唯一。一旦我們接受了天主，藉由耶穌基督——這是對基督徒而言，呈現的肉體化身，我們便會開始以嚴肅的態度看待各種事情。」

天主對我們的考驗

我們都可能為善與作惡。我們的本性非惡，每個人的內心都有善良的一面。有些人隱藏它，有些人輕忽它，但它始終是存在的。天主創造我們，祂要我們愛人與被愛，兩條道路擇一而行是天主對我們的考驗。任何對愛的怠忽都會使人向邪惡說「是」，果真如此，我們不知道情況會有什麼樣的發展，這是很令人傷心的。如果有人選擇了邪惡，這人與天主之間就有了障礙，他身負重荷，完全無法清晰的看見天主。這就是為什麼我們要避開任何足以毀滅我們的誘惑。

我們自祈禱中獲得克服誘惑的力量，因為如果我們親近天主，我們就會向我們身邊的人傳播愛與喜悅。

如果有人為邪惡所控制，他們同樣的會把邪惡傳播給我們身邊的人。如果我們和這些人有所接觸，我們必須試著幫助他們，讓他們知道天主是關心他們的。用心祈禱以協助他們重拾祈禱，如此他們才能再次於自己內心窺見天主，同時也能在別人身上看見祂。壞人將會因此得到幫助，因為每個人——不管是誰——都是由同一雙慈愛的手所創造的。基督的愛永遠比世上的邪惡更強大，所以我們需要愛人與被愛，就是這麼簡單。應該不需要經歷太大的掙扎。

天主珍視每一個生命

尚未降生的小孩是窮人中的窮人。他們是如此接近天主。我一直要求印度醫院的醫師絕不可殺害尚未降生的小孩。如果沒有人要，我會照顧它。

我在每個小孩的眼睛裡看到了天主——我們歡迎每一個棄嬰。然後我們藉由收養的方式為這些小孩找到自己的家。

你知道，人們總是為了戰爭中無辜被殺的孩童憂心忡忡，設法阻止這種事情發生。然而如果媽媽想要殺死自己的小孩，又如何能阻止得來呢？對天主而言，無論在何種環境之中，每一個生命都是珍貴的。依撒意亞第四十三章，第四節，天主說：「因為你在我眼中是寶貴的，我愛慕你。」

許多我們在世界各地的中心裡，我們教導窮人自然節育的方法。我們把珠子分發給婦女以方便她們計算生理週期。夫妻雙方互愛互敬，在容易受孕的日子裡自我克制。就像多羅瑞絲修女所說的，這些事情由天主決定：

「我們相信在天主面前，我們每一個人都是獨特且珍貴的，因此祂將會在我們的生活和工作中伴隨著我們。祂是頂頭上司，祂告訴我們該做什麼。就是這麼簡單。然而有時我們把祂放在一邊。認為自己就是掌管一切的老闆。」

教會是我們的家

天主無所不在，萬事萬物皆有祂的蹤跡，祂和教會也是不可分的，我們都是祂的子民——印度教徒、回教徒、以及基督徒。當我們齊聚祂的名下，我們便得到力量。教會給我們司鐸、彌撒、聖事，這些在我們日常生活的工作中是不可或缺的。我們需要聖餐（聖餐式中的耶穌），因為除非將耶穌獻給我們，否則我們便無法奉獻給祂。

教會是我們的家，就像任何家庭一樣我們必須能生活在一起。主教們不斷的邀請我們建立新的家園，也常協助我們找尋房子。我不認為做一個天主教徒和成為天主教會的一員是一種限制：我們要做的只是彼此相愛、互相了解。有人問我，教會在今日的社會扮演什麼角色？未來的展望如何？女性在其中如何定位？我回答說，我沒有時間考慮這些問題——每一天我都有太多的事情要忙。

我們服侍基督。在我們的房子裡，祂是我們的大家長，是一切事情的決定者，對基督而言，教會在昨日、今日、明日都是不變的。在天主眼裡，一切都是簡單明瞭——天主對我們的愛勝過所有的衝突，而衝突終將消逝。

信仰是天主的禮物

天主希望我們在信仰中成長，泰瑞西納修女解釋道：

「我們的信仰必將茁壯與成熟。有些人也許受過高等教育——然而他們的信仰卻只有小學一年級的程度，這世界對他們來說是沒有任何意義的。他們或許沒讀過聖經，未曾得識天主，未曾真實的認識天主的美麗——所以他們以懷疑的眼光瞅視天主。在他們眼裡，祂像個判官與嚴父，不准他們有任何娛樂。」

卡特里修女則就信仰本身的性質作進一步的說明：

「我們天主教徒對『信仰』的了解是：它是外植於靈魂之中的超自然德能，這種德能就像是一種力量、一種才能。譬如，如果我們沒有腳，我們就無法行走。如果我們沒有眼睛，我們就看不見。沒有信仰，我們就無法相信超出我們理解範圍的神秘事物。你無法了解信仰上的奧秘——然而奧秘應當有某種意義，當我們長大成人，我們必須看得更為透徹，也應該了解得更多，使這奧秘益發可信。

信仰是天主的禮物，它藉著祈禱而茁長，如同希望與愛一般——這就是內在生命的三個主要美德。」

基督徒的生活方式使信仰得以茁長。在我們之前已有許多聖人指引著我們，不過我特別欣賞簡單質樸者，像是里修的聖德蕾莎——耶穌的小花。這位和我同名的聖者懷著非凡的愛做平凡的事情。

研讀聖人和其他聖潔者的作品是有益處的（查理・德・富高〔Charles de Foucauld〕所寫的《沙漠的種子》（*Seeds of the Desert*）是我最喜歡的書之一），然而我們發現，天主透過我們的行為與工作，教給我們所有我們應當學習的，多羅瑞絲修女解釋道：

「我們會騰出時間讀書以啟發心靈，我喜歡閱讀聖人的作品，那是很有助

接受任何來到你面前的事物

（見54頁）

我們讓祂取走祂想要的，
所以儘管收下祂所給的，
當我們送上祂取走的東西時，也當滿心歡喜，
接受天主的禮物同時滿懷感激。
如果祂給了你巨大的財富，善用它，
和別人一起分享，和一無所有的人一起分享。
檢視自己實際的需要，毋須多求。

益的，任何有關我們的母親——聖母瑪利亞——的作品也是我樂於閱讀的，她是所有母親之中最好的。不過我們沒有太多時間坐下來看書。我們慶祝許多不同的節日，像是聖芳濟慶日、聖德蕾莎慶日、以及九月十日，這一天，天主在德蕾莎修女往達吉陵的途中告訴她去為窮人中的窮人服務。然而我並不需要看很多書，因為我不斷的從別人身上學到東西。我在紐約和華盛頓工作時，所接觸的愛滋病患是現代的聖人，是教會的新聖者。他們每一個都是活生生的人物，當他們逐漸在耶穌之中成長，他們最後的日子、最後的幾個小時、最後的一刻是如此美麗，對我而言，他們的故事就是聖人的故事。」

再者，獲致對自我的認知以促成心靈的成長是很重要的——認識自己、相信自己，意謂著你也能認識天主、相信天主。聖奧斯定(St. Augustine)說道：「首先要充實自己，然後你才能奉獻給別人。」認識自己便會心存謙卑，認識天主，愛即長存——如卡特里修女所述：

「當一個人逐漸於祈禱中成長，他對自己的認知也逐漸增長，即非認識到自己的罪惡，也當會認識到自己可能的罪惡。如此便能了解聖菲理伯．內利(St.

Philip Neri)所說的『我能去到那兒，不過是因為上帝的恩寵。』當時間流逝，接受他人的缺陷將會更為容易，因為我們都是人，在內心深處總有罪惡潛蟄著，我們都有人類共同的缺陷。」

自我毀滅與自我完成之樹

自我毀滅之樹

枝椏：空虛、疏離、冷漠、人際衝突、犯罪、依賴、酗酒、毒癮。

根部：恐懼、不安、憤恨、嫉妒、懷疑、敵意、罪惡、自憐。

自我完成之樹

枝椏：果斷、健康、喜悅、自我驅策、知足、接受、實踐、創造力。

根部：慈愛、友誼、寬恕、愛、感謝、仁慈、溫暖、信賴。

我正向著天堂而行

所有的事情都由天主決定。祂決定我們何時生、何時死。我們必信靠祂，做祂要我們做的事情，直到死亡的時刻來臨。多羅瑞絲修女解釋道：

「每一天都在為死亡準備著。明白了這點，對生活會有某種助益，因為如果讓死亡伴隨我走過今天，明天我也將如此走過。我們的生活必須學著和祂合而為一。死亡不過是回到祂的身邊，那是祂的所在，也是我們所有人的歸屬。」

任何人都可以到天堂。天堂是我們的家。人們問我關於死亡的問題，問我是否期盼死亡，我的回答是：「當然」，因為我正在回家的路上。死亡不是終點，而是起點。死亡是生命的延續。這是永生的涵意；在那個地方，我們的靈魂歸於天主、迎向天主、看見天主、與天主談話、以更大的愛繼續愛祂，因為在天堂我們可以用我們的靈魂全心全意的愛祂，因為死亡只帶走我們的身體——我們的心和我們的靈魂將永久長存。

我們死後將與天主同在，也將與我們認識的先人同在：我們的家人和朋友會在那兒等著我們。天堂一定是個美麗的地方。

每一種宗教都有永生與來生。恐懼死亡的，是那些相信死亡就是終點的人。我還沒碰過任何人在見證了天主的愛之後仍會帶著恐懼死去。他們必須與天主和解，我們也必須這麼做。人們總是忽的一瞬間就死去，所以我們無論何時也都可能死亡。昨日已逝，明日則尚未到來，因此我們必須把每一天都當作是我們的最後一天；如此，當天主召喚我們的時候，我們便早已準備好，帶著一顆明白澄澈的心安然死去。

LOVE

信仰的果實是愛

今天，西方世界中最重大的惡疾並非結核或麻瘋，而是缺乏愛與關懷的滋潤。醫藥可以治癒身體的疾病，而唯有愛能夠治療孤寂、絕望、落寞。世界上有許多人渴望著一小塊麵包，然而卻有更多的人渴望著一點點的愛。西方世界裡的貧窮是一種不一樣的貧窮——不僅因孤寂而貧窮，也是精神心靈的貧窮。這個世界有一份對愛的渴求，正如這個世界有一份對天主的渴求。

除非天主的恩寵給你助力，否則這需求無法獲得滿足。多羅瑞絲修女和卡特里修女進一步解釋道：

「我們必得先為天主所愛，而後我們才能奉獻給別人。我們如能施愛予人，我們必得儲滿要施予的愛。天主行事如此。是祂驅使著我們所有的人去做我們正在做的事情；如果我們感覺到祂的愛，這份愛就會從我們身上發散出去。祂的愛沒有疆界。」

「唯一的愛是天主的愛。如果我們真能深深的摯愛天主，我們將同樣的摯愛我們的鄰人，因為當我們對天主的愛逐漸滋長，我們也不斷成長，我們會尊重所有祂所創造的事物，也會認識與欣賞祂贈予我們的所有才華。如此我們自然會對這一切有所關照。

天主創造的世界使人類感到欣喜——如果我們無論在何處都能看見祂的慈善廣佈，知道祂關懷我們、了解我們的需求——我們等待的電話、我們得到的接送、郵箱裡的信件，這一切祂在日常生活中為我們所做的小事情。我們應該記得謝謝祂，而當我們記得祂、察覺到祂對我們的愛，我們就會開始愛上祂，因為祂是如此勤於為我們做事——你就是無法抗拒祂。我相信生命中沒有運氣這回事，它是天主的愛，愛是祂的。」

當你知道天主是多麼愛你，你的生活必將散播出這份愛。我總是說，愛從家裡開始：家庭第一，然後是你的城鎮與都市。愛遠方的人很簡單，而愛與我們同住或就住在隔壁的人卻不太容易。我不同意好高騖遠的行事態度——愛得從一個人身上開始。要去愛一個人，你必須和那人接觸，和那人親近。每個人都需要愛。每個人都必須知道有人願與他為伴，知道他在天主眼中是很重要的。

耶穌說：「你們要彼此相愛，就像我愛你們。」祂還說：「任何事你們既做在我兄弟中最小的身上，就是做在我身上了。」所以愛貧困者也就是愛祂。

祂說：「我餓了，你們給我吃；我赤身露體，你們給我穿。」

我總會提醒兄弟姊妹們，我們一天二十四小時都跟耶穌同在。泰瑞西納修女與白博特神父提供了他們各自的解釋和看法：

「我們是這世界的默觀者，所以我們的生活以祈禱和行動為中心。我們的工作是默觀的流佈，以及在做任何事情時與天主的完滿諧和；藉由我們的工作（我們稱為『使徒工作』），我們與天主的結合得到滋養，如此則祈禱與行動、行動與祈禱將源源不絕。」

「甘地說：『行動，但不要企求行動的成果。』你的行動源自你個人，那就是成果。這有點像戀愛——愛將源源流向你所愛的人。」

每個仁愛傳教修女會在前往踐履使徒工作以前都會作如下的祈禱。它也是加爾各答希舒・巴滿的兒童之家的醫師祈禱文：

親愛的主，偉大的治療者，我跪在祢跟前，
因每一完美之禮必自祢。
我祈禱，賜巧技予我手，明視予我知、
親切與溫柔予我心。
賜我專心一意，力量足以稍卸受苦兄弟的負擔，
真實體會我的恩賜。
除去我心的欺狡與塵俗，
好讓我懷著孩童的純真信仰，
倚靠著祢。

我們的手何其溫暖

愛不是贊助，慈善無關憐憫，而在乎愛。慈善與愛是一樣的——你藉由慈善獻出愛，因此別只是給錢，而是要伸出你的手。當我在倫敦的時候，我去探

視無家可歸的人，在那兒我們的姊妹們開設了一家免費食堂。一個住在紙板箱裡的人握住我的手說道：「我已經好久不曾感覺到手的溫暖了。」

瑪麗是我們的義工，她表示她對此事的看法：

「我發現，如果缺少愛的關懷，實際的幫助真會使人感到不悅。沒有人喜歡被救濟的感覺。我也發現，試著和人們接觸不是一蹴即成的，且須有些計劃性，諸如在免費食堂幫忙修女的工作即是。最好別太過忙著分發食物和清理餐盤，試著與人交談，或者坐在某人身旁——做一對一的接觸。許多人隨身帶著相片，你可以跟他們要求看那些相片——或是就他們的髮型開個玩笑——什麼都行！

重點在於要和人有所接觸，即使只是一句『吃得還愉快嗎？』你可以自告奮勇去收餐盤，而不只是在一旁洗碗。我想，如果你覺得做這些事情有所困難，也許你可以慢慢來——如果你看到有人單獨站著、走著、或坐著，就把握這個機會伸出你溫暖的手。」

以下是瑪麗的另外一個故事，述說的是另一種與需要幫助的人接觸的方式：

「前些日子我隨團到阿爾巴尼亞，並會晤那兒的姊妹。我們聽聞有一個殘障兒童之家，於是便前往探視——情況卻非常的糟。顯然，那地方不斷有成堆的救濟物資運到，然而每一次都被附近的人搶得精光，因為他們也需要這些東西。同時我也想到，雖然有許多東西源源湧入，倉庫也堆滿了救濟物資——然而人們卻無法取得。因此我們帶了一箱蘋果回到那裡，一個一個發給每一個孩子，因為我們知道，如果我們把箱子放著就離開，其他附近的人可能也會為他們的小孩來拿這些蘋果，那麼孤兒院的孩童就拿不到蘋果了。」

未與人分享的愛是沒有意義的。愛必須付諸行動。愛不能有所預期，做任何事都要純粹以愛為出發點而不求回報。如果你預期回報，那就不是愛，因為真正的愛是沒有條件和預期的。

天主會適時指引你，如同祂指引我們去為愛滋病患服務一樣。我們不對這些人作任何評斷，我們不去詢問他們經歷過什麼事或者他們是怎麼得病的，我們只問他們需要什麼，盡力照顧他們。我認為天主正透過愛滋病告訴我們某些事情，給我們一個表達愛的機會。有些人也許已將慈愛摒棄或遺忘，愛滋病患把它自他們心中喚醒。

多羅瑞絲修女告訴我們，在那兒，只要有愛就已足夠：

「起初，接受我們照料的愛滋病患非常害怕。他們很難去面對他們將要死亡的事實。不過當他們和我們相處了一段時日，看到我們和別的病患共同渡過最後的時光，情況便逐漸改觀。我記得在紐約有一個來自波多黎各的患者，他的母親表示會在他回家後照顧他。他謝謝母親，不過他說要留下來和我們在一起，再抽空探望母親。有一天他對我說：『我知道在我臨終時，你會在我身旁握著我的手』，因為他看見別的患者臨終時我們就是這麼做，所以他知道他不會孤單的死去。

真是再簡單不過。即將死亡的患者為他們得到的愛而感動，那可能只是一次手的碰觸、一杯水、或者拿他們想吃的甜食給他們。你只是拿一些他們需要的東西給他們，他們就會很滿足，知道有人關心他們、有人愛他們、有人陪伴他們——這些對他們而言就是很大的幫助。他們因而相信天主將會更仁慈、更

他們的故事就是聖人的故事

（見64頁）

我在紐約和華盛頓工作時，
所接觸的愛滋病患是現代的聖人，是教會的新聖者。
他們每一個都是活生生的人物，
當他們逐漸在耶穌之中成長，
他們最後的日子、最後的幾個小時、最後的一刻是如此美麗，
對我而言，他們的故事就是聖人的故事。

寬厚，他們的靈魂將仰望天主。我們不傳教佈道，只是以愛行事，他們便領受了天主的恩寵。」

仁愛傳教修士會總會長傑夫修士也就「給予愛的最好方式」，提供他的看法：

「當有人接納疼愛那些已習於被拒絕和拋棄的人時；當他們看見有人正為他們花費時間與精力時，其中透露的訊息是：他們畢竟不是沒人要的垃圾。

確定的是，如欲表達愛，首先要與人同處，然後才是為他做事。我們必須時時對這點有充分的認知，因為我們可能會陷於為人做事的行徑中。你知道，如果我們所為不是發乎與人同處的心願，那我們所做的只不過是社會工作罷了。當你願意與一個窮苦的人同處，你會知道他有什麼需要；如果你的愛是真愛，你自然會盡你所能來表達你的愛。從某個角度來看，服務的意義是你藉著它，表現出你對一個人的心意——而面對處境艱困的人，通常你並沒有辦法完全解決他們的問題，然而如果你能與他們同處、表達你的心意，你所做的一切都將有不一樣的內涵。

我們試著向窮人中的窮人傳達的訊息是：我們無法解決你的問題，然而即使你身體殘障、酗酒、或者患有痲瘋，天主依然愛你。不管你痊癒與否，天主對你的愛絲毫未減，而我們在這裡正是要表達這份愛。如果我們也能夠幫助他們減輕些許痛苦，那固然很好，不過更重要的是，我們要讓他們知道，無論處於如何的痛苦與折磨，天主永遠愛他們。顯然，要傳達這份訊息並不容易，但我們堅信，對他們的心意是首要之務。如果你花時間與人共處，這和為他做某些事情同樣表達了你的愛。」

我們的義工尼格描述他在加爾各答垂死之家的經驗：

「在尼摩．何里得幫忙時，我討厭那地方，因為痛苦不堪，我覺得完全使不上力。我想：『我在這裡幹什麼？』

回到英國以後，我和一位修女就這件事做了一番長談。我告訴她，我很快就學會了手語，如果有人想要喝水或者需要拿便盆，我能看得出來，然後把他們要的東西拿給他們。然而除了這些，我並沒有做什麼。大部分的時間我坐在他們床邊撫摩他們或餵他們吃東西。有時你看得出一些，但大都沒有什麼表示，因為他們已不久人世，非常虛弱。所以當修女問我經歷了什麼，我便回答：『我待在那兒。』她聽了便對我說：『聖若望或聖母在十字架底下，做了些什麼呢？』」

我們是否以同情憐愛的眼光看著窮苦的人？他們不只渴求溫飽，他們也渴求一份做人的尊嚴。他們渴望別人將他們當做人來對待，希望別人以對待我們的方式來對待他們。他們渴求我們的愛。

每個愛的行動都是祈禱

做多做少並不重要，重要的是你在做事和與人分享時注入了多少的愛。不要對人有所評斷。評斷別人不是愛的表現。如果你想幫助別人，就要觀察他們有什麼需要，然後去滿足他們。人們常問我對諸如同性戀等現象的看法如何，我總是回答說我不評斷別人。在天主眼中，重要的不是一個人會去做什麼、不會去做什麼，而是你做了什麼。

以下的一段話來自我們總修道院教堂外的標示。由愛德華・勒・卓里神父於一九七七年我們的談話以後所寫下，非常明確的解釋了我們的工作：

「我們在此不為工作，而是為了耶穌，我們所做的一切都是為祂。我們首先是修會會士，我們非社會工作者、教師、護士，亦非醫師，我們是修女。我們在窮苦者之中服侍耶穌。我們在窮苦者、遭棄者、患病者、孤兒、瀕死者之中照護祂、探望祂、慰撫祂、給祂衣服。我們所做的一切、我們的祈禱、我們的工作、我們的苦痛都是為了耶穌。我們的生命沒有其他的理由與動機。這點許多人並不了解。」

多羅瑞絲修女、傑夫修士、一位義工（琳達）分別就這種行動中的愛提供看法和例證：

「西方世界裡孤寂滿佈。大部分寂寞的人所需要的，不過是有人能坐在他們身旁，和他們一起，對他們微笑，因為有許多人沒有家人，孑然一身，與世隔絕。因此當我在紐約的一個收容所工作時，一年中在若干不同時節，我們將這些人齊聚一堂，讓他們在社交聚會中和別人接觸，而他們也期待得很。我們為他們安排一個特別的日子——我們提供一頓美味的午餐和一些糕餅讓他們享用——走出家門、與他人相聚便為他們的生活帶來了快樂。

我們的免費食堂為遊民提供食物。他們有些人前來進食，有些人則什麼也不吃。他們來這裡只是為了感受些許和平安詳的氣氛，通常在我們共同祈禱或一起做些事情以後，即行離去。大多數人不只需要食物而已，他們需要與人接觸、被認可、被愛，覺得有人陪伴他們，使他們在心裡尋獲些許平靜。要緊的是個人的接觸。」

「西方世界傾向於以利益為前導，衡量事情一概以成果為基準，人們汲汲營營於追求成果。我發現在東方世界——特別是印度——人們較能自足於就那麼待著，常常坐在菩提樹下和人聊上大半天。我們西方人或許會說那是在浪費時間，然而那是值得的。與人共處、聽他們講話，毋須計時、毋須預期成果，這讓我們知道什麼是愛。愛的成功處在於如何去愛——而不在愛的成果。當然，希望我們愛的人都能得到最好的，是人之常情，但結果是否如我們所願，並不能決定我們所做事情的價值。我們越能夠抹消成果的先決位置，我們就越能夠學習到愛的默觀面。有在服務之中表現的愛，有在默觀之中表現的愛。我們應該在兩者之間求取平衡。愛是尋求此一平衡點的關鍵。」

「幫助加爾各答希舒・巴滿的兒童是很特別的經驗。他們使我非常感動。有一天早上我們坐在樓上圍成一個圈圈——我們常常這麼坐著一起唱歌——我看見一個殘障的小男孩，他看著我，眼中洋溢著喜悅與愛，有一種說不出的清朗與沉靜。這是我記憶中一次深沉的心靈體驗。」

愛，直到成傷

我們必須在愛之中成長，為此我們必須不停的去愛、去給予，直到成傷——就像耶穌所做的一樣。以非凡的愛去做平凡的事：諸如照顧病人、無家可歸的人、孤單的人，並為他們清洗整理等瑣屑之事。你的給予必得使你有所付出。而你所給予的不只是在你的生活中可有可無的東西，你也將給予你生活中不可或缺的或是你不想失去的、你非常喜愛的東西。如此雖然你的贈予成為一種犧牲，但這在天主眼中是有價值的。假若出之以愛，任何犧牲都是有用的。

愛，直到成傷——犧牲——也就是我所說的行動中的愛。每一天我都會看到這種愛——在小孩、男人、女人身上。有一次我走在路上，一個乞丐來到我身旁，對我說：「德蕾莎修女，每個人都奉獻給妳，我也想奉獻給妳。今天一整天我只得到二十九分錢，我想把這些錢給你。」我想了一會：如果我收下的話（二十九分錢幾乎無價值可言），他今天晚上就要餓肚子，如果我不收，會傷到他。所以我伸出手把錢收下。在他臉上，我看到從未見過的喜悅，因為他感受到，即使像他這麼一個乞丐也能夠奉獻給德蕾莎修女。這個窮苦的人在太陽底下坐了一整天，只得到二十九分錢，現在全部給了我，這是多大的犧牲。這是一件美麗的事情：二十九分錢是如此微不足道，我也沒辦法拿它來買什麼東西，然而就在他捐出來而我收下的同時，那好像成了一筆千萬鉅款，因為那裡面有太多的愛。

最近我收到一封一個美國小孩寄來的信。我知道他年紀還小，因為他以斗大的字寫道：「德蕾莎修女，我好愛妳，我把零用錢捐給妳。」同時信裡頭有一張三塊錢的支票。倫敦一位修女也告訴我，有一天，一個小女孩帶著一袋一分錢硬幣來到吉本(Kilburn)的收容所門前，她說：「這些給窮人家。」她不是說：「這些給德蕾莎修女」，或是給仁愛傳教修女會。她就住在附近，見到許多住在收容所的人——她便說：「這些給他們。」她只是用眼睛看，我想很多人也是如此。他們看到一些事物並為其所感，因為那是美好的。一對年輕夫婦甫於此地新婚不久，他們決定舉行一場簡單的婚禮——她穿著一襲樸素的棉質紗麗，僅酌收雙方父母所送的賀禮——把一場盛大印度婚禮的開支省下來捐給我們。他們與窮人分享他們的愛。每一天都有類似的事情發生。如果我們自己也變得貧窮，如果我們去愛，直到成傷，我們將能愛得更深、更美、更完滿。

我們的義工莎拉描述她在舊金山的一個收容所工作時這種愛的體驗：

「在我的心目中，愛，直到成傷，意謂著即使你不了解情況、人、或其他的一切事物，你仍然可以去愛。這一點嘴巴上說說不難，要去做卻不容易，但有些時候我還是可以做到。

另一方面，與人共處久了，其中一個人（克里司）的死對我衝擊至深，令我久久不能釋懷。我不想回去工作——有兩三個禮拜我也確實沒有回去。一早，我照常起床，準備好了以後卻沒有出門。修女們非常了解我的情形。她們沒有任何評語或責難，而這就是她們對我的幫助。她們說：『沒關係——你隨時都可以回來。』當我哀悼著克里司的死亡，她們對我說『這個房子是為了人們的死亡而設。哭泣是自私的，因為那表示我們只想到自己，而沒有想到他們如今身在何方——與天主在一起。我們應該為他們感到高興。』這就是她們的態度。

我並非全職義工，每天在收容所全天候工作的人一定更能了解愛，直到成傷的真諦。如果你身歷其境，總是不斷的給予，你將更能融入愛的藝術之中，你的精神與心靈將成為仰望天主的泉源。這些「全職義工是特殊的——天主每一天都在充實他們的心靈。在這世界裡，偽裝愛是如此容易，因為沒有人會真確的要求你給予、直到成傷、直到成疾。」

另一種貧窮

（見70頁）

世界上有許多人渴望著一小塊麵包，
然而卻有更多的人渴望著一點點的愛。
西方世界裡的貧窮是一種不一樣的貧窮——
不僅因孤寂而貧窮，
也是精神心靈的貧窮。

快活的受苦者

仁愛傳教修女會的精神是完全臣服於天主、對他人懷著愛的信任、快活的面對所有的人。我們必須喜悅的接受苦難，我們必須懷著愉悅的信任過貧窮的生活，快活的在窮人中的窮人之中服侍耶穌。天主喜愛快活的給予者。帶著微笑的他或她所給予的是最好的。如果你隨時準備向天主說「是」，你自然會帶著微笑面對所有的事情，也能夠在天主的祝福下給予，直到成傷。

我們的兩位義工（先是莎拉，接著是戴夫）在舊金山和倫敦的收容所之中發現到這種態度的價值：

「當事情有困難時，修女們總是保持著輕鬆幽默的態度，這讓我非常喜愛她們。縱有差錯，經過修正之後我們就一如往常的繼續下去。然而，有些修女告訴我，有時候她們的生活非常困難，她們會很悲傷，她們會為了家人哭泣。你知道，她們的兄弟、姊妹、父母遭遇了困難，或生了病，她們完全幫不上忙，唯一能做的只有祈禱。她們有情感，她們也會哭泣。她們是人——她們摯愛天主，她們摯愛世人。」

「和修女們一起工作讓我發現到，她們是表裏如一的人。我每天都和她們有許多接觸的機會，我們做著例行的日常工作，像是在食堂幫忙、擦洗地板、分發食物、開車到超級市場、帶人去看醫生或者去醫院的精神醫療部門就診，有時則在路上和一些無聊的人周旋。她們總是那麼快活。不是那種勉強裝出來的快活，它是很真實的。

我相信，外表的快活顯現出她們內心感到的喜悅。我想每個與她們共事的人都知道她們花了多少時間在教堂裡跪禱，她們樂於這麼做。祈禱是她們最快樂的時光——她們盼望祈禱、企求祈禱，藉此補充能量，她們也同樣熱切的期盼在補充能量之後繼續奉獻，將得到的能量散發出去。這不是什麼狂熱，而是一種希望與人分享的真實心願。正如同她們不留存物品：任何給她們的衣服、食物、金錢，或任何其他的東西——紙袋、橡皮筋什麼的——她們把這些送出去。任何收來的都要送出去。

我想，天主給了她們多少，祂就有多愛她們。我愛她們。她們是如此得天主歡心，使我心嚮往之。她們的慧美與能量為祂所賜——這是相互交流的愛，她們所表現的正是這份愛。這在每一個修女身上都看得到，然而她們並非難辨個性的一群，她們是相異的個體，每個人都有自己的特殊性格。」

早期基督徒的識別語是喜悅，因此就讓我們繼續懷著喜悅服侍天主。卡特里修女說明這種感覺：

「我曾在紐約的腦性痲痺中心工作，我每天祈禱。一天有人問我為了什麼事這麼高興，暗示說我可能愛上了某人。但是並不盡然——我只是感受到天主的愛。當我和天主的關係逐漸增長，我是如此快樂、如此完滿。這讓我充滿喜悅。」

喜悅是愛、喜悅是祈禱、喜悅是力量。天主喜愛那些懷著喜悅給予的人，如果你懷著喜悅給予，你將會給得更多。一顆喜悅的心來自一顆燃燒著愛的心。

愛之功亦即喜悅之功。快樂不須探尋：若以愛待人，旋即得之。此乃天主之贈禮。

SERVICE

愛的果實是服務

我們在加爾各答的孩童之家牆上，這麼寫著：

花時間思考
花時間禱告
花時間笑

那是力量的源頭
那是世界最強大的力量
那是靈魂的音樂

花時間遊戲
花時間去愛和被愛
花時間給予

那是青春長駐的秘訣
那是天主賦予的特恩
一日光陰苦短何容自私為己

花時間閱讀
花時間和善對人
花時間工作

那是智慧的泉源
那是通往快樂之路
那是成功的代價

花時間去行善

那是天國之鑰

祈禱付諸行動即是愛，愛付諸行動即是服務。試著無條件的給予一個人當下所需的任何事物。重點在於去做些什麼，無論多麼微渺，花時間透過行動來表達你的關切。有時候這意謂著做一些實質的事（一如我們在仁愛傳教修女會中為病苦垂死的人所做的），或者是對那些寂寞獨處在自家中的孤立者提供精神上的支持。如果病人需要藥物，便給他藥物；若他需要慰藉，便給他慰藉。我們都是天父的子民，貴在能分享祂的賜予。毋庸憂慮為何世間有諸般困難，逕去回應人們所需。有人告訴我，若我們對他人施以慈善，會減少政府對貧困者的責任。我不在乎這一點，因為政府並不提供關愛。我只是做我所能做的，此外與我無涉。

天主待我們如此之厚，愛的作為永遠是接近主的一種方式。看看耶穌在人世的生活是如何度過的！祂的一生全為行善。我提醒姊妹們，耶穌生命中有三年都用在治癒病患、麻瘋病人、孩童和其他人；這正是我們現在所做的，透過行動來傳播福音。為人服務是我們被特許的權利，我們試著要給予一種真實而全心的服務。

我們覺得自身所做不過是大海中的一滴水，但若少了這滴水，海洋可能因此而略遜一分。舉例而言，我們開設學校以教導貧苦孩子歡喜學習，保持整潔。如果不這麼做，這些孩子們可能就此流落街頭。

如果，視情況而定，有些人能在其他機構獲得更好的照料，我們會告知此事；但既然我們是在服務窮人中的窮人，若是他們有真切的需要，我們決不拒人於千里之外。傑夫修士如是說：

「我們鮮少能見到，有人願意照料我們收容的這群被遺棄的人；特別是在像印度這樣的國家中，這般需求如此之殷。我們的仁愛傳教修女會之家，往往是許多已經為所有人所拒斥的病人最後停駐的所在。」

為要透過行動（服務）展現更多愛的成果，我認為，首先要提供如仁愛傳教修女會所做的，繼而分享一些志願協助我們的人們之經驗。如是你們將會看到，實行某些事情，不論其如何微渺，自有其成果——不僅是顯現在那些不幸者的身上，並也體現在那些施予照料的人們身上。

時至今日，仁愛傳教修女會的工作已然非常的多樣化，可以劃分為下列數個大項：

使徒工作——透過主日學、讀經團、公教進行會和造訪醫院、醫療之家及監獄等。

醫療照料——透過診所、痲瘋病治療及復建中心、和我們所收容的棄兒、身心方面有殘疾的孩子、罹病或垂死的赤貧者、愛滋病患、及肺結核病患的各種慈善之家。此外，另有照料營養不良者的中心，和機動性的出診。

教育服務——在貧民區設立小學，開辦縫紉、商業、手工藝等課程，並有鄉村學前兒童班，和課後進修計劃。

社會服務——兒童福利及教育方案，日間托兒所，無家可歸者、酗酒、毒癮者的收容所，未婚媽媽之家，夜間庇護所，自然法家庭計劃中心。

賑濟服務——提供衣、食、乾糧、熱餐、和家庭緊急救助。

愛遠方的人很簡單

愛遠方的人很簡單，

而愛與我們同住或就住在隔壁的人卻不太容易。

愛得從一個人身上開始。

(見71頁)

加爾各答市第達加的痲瘋病中心——培倫．尼瓦司（GANDHIJI PREM NIVAS，TITAGARH, Calcutta）

今日的痲瘋病人可以存活，自知可獲援助，會有治癒的一天，再也毋須絕望，或是隱藏自己罹患這種病的事實。這意謂著全家人能夠共居一室，不必擔心會彼此傳染。即使痲瘋病人所生的孩子，也不會染有相同的病症。

四十餘年前，我們決定在距加爾各答幾公里外的第達加的一顆樹下，開始為痲瘋病人看診。一週出診二次，其餘的日子則用於照料那些營養不良的人們，或探訪病患的家；逢週六便為他們做些清潔工作。

時至今日，我們有一個名為培倫．尼瓦司的美好所在，其本身便如一個村落。建築物散處鐵路延線，全部漆成紅、藍、綠等明亮、歡快的色彩，有工作坊、宿舍、醫療中心、病房、一所學校、一棟門診病人中心、以及病患家庭各自獨立居住的小屋——尚且還有供給整個社區用水的池塘。園中還有一尊甘地的塑像。

培倫・尼瓦司是痲瘋病人憑藉自身的力量所造就的，在此他們可以生活、工作。我們在一九七四年始獲土地來發展這一切；其時當地僅只是鐵路旁垃圾雜處的空場。我們由搭蓋簡陋的茅屋入手，逐步使之轉變成一個這般美好的處所。

主持培倫・尼瓦司的維諾德修士，告訴我們更多有關此地的狀況：

「此間每個月有一千四百位痲瘋病人接受定期治療，自一九五八年迄今已登記有三萬八千個病例。其中許多病人已可免於治療，而目前我們仍在照料的還可以再活上二、三十年，所以仁愛傳教修女會的工作至少也還要持續相同的時間。現在痲瘋病已經能夠被有效的控制住，所以我相信未來不會再有那麼多人因此而致身體殘缺變形。印度政府計劃在公元二千年使痲瘋病在其境內完全絕跡。

及早發現病情是防治關鍵所在，所以我們的診療行動相當積極。這種疾病會破壞人體的免疫系統，且能經由空氣傳染。所以即使未與病人長久接觸，也有可能染病，但若免疫系統夠強健，則無此患。目前尚無對付麻瘋病的疫苗，但是可以檢測一個人的免疫程度。如果確定得了麻瘋，在罹病初期仍可憑藉藥物治癒。

麻瘋病仍然泰半存在於社會中較為貧困的階層。貧者未曾受過教育，不知為了什麼所苦，直到肢體開始變形。至此，手足已失去知覺，開始潰爛，要挽回既成的傷害，的確為時已晚，儘管我們尚能扼止病情進一步的擴張。肢體扭曲已為外界所見的病患會變得絕望，不想存活在一個排斥他們的社會當中。所以我們提供這樣的一個地方，一份工作。短時間內，病人可以重拾信心、希望和自尊。

這個中心收容了許多原來棲身在火車站的乞者，也接受罹患了麻瘋病的幼小孩童。後者的父母總聲稱在孩子病情好轉後，會攜子歸家，但從未見他們履行承諾。所以此處也是這些男孩、女孩們的家。孩子們長成以後，往往在此婚嫁，得到一份工作、和自己的家，便留下來陪伴我們。

所有的工作都是由病人自己動手完成——他們訓練別人如何更衣、注射、照管病房，也看護同病相憐的同儕。他們遠比我們更清楚痲瘋病患的痛苦和困境。當然了，兄弟們必得接受過痲瘋病醫療訓練，以扮演助理醫療人員的角色，協同醫生們進行治療。這些醫生們每週來做一次診治，分文不取。然而病人彼此間的聯繫總是比較好的。

我們一切自給自足——自己培植蔬果，多餘的便提供給其他家庭；有魚塘，小小的農場飼著山羊和其他動物，也有手工編織作坊（姊妹們身上的「紗麗」Saris便出於此），還有鞋匠、木匠、建築工、和機械工。每個人各有其職屬。」

（註：Saris即印度婦女用作衣服之裹服長布）

加爾各答兒童之家——希舒・巴滿(SHISHU BHAVAN)

希舒・巴滿是我們設在加爾各答的兒童之家,在一條繁忙大路邊幾棟高樓。入口處是診療室,供貧者攜子女前來看病,還有辦理領養事宜的辦公室。房間內成行成列的綠色小牀上,都是新生娃娃和嬰兒。另有一個供孩童跑跳的小小庭園,和可供遊戲、進餐的一個房間。

此處由夏荷曼・荷絲修女執掌。她和姊妹們通常得要照料約三百來個病弱或營養不良的孩子,還有貧苦的未婚母親(並提供她們工作)。

門診部有三位醫生,每週可能要照應一、二千個病人。領養處則是為那些希望收養孩子的人討論各項相關事宜。到了十來歲的孩子如果尚未被領養,有時會被送往寄宿學校接受教育,再進入學院,或修習文書課程,再由我們發派工作。當他們已經能夠展開自己獨立的生活,我們通常協助他們婚配,致送一份賀儀,讓他們踏上自己的人生旅程。他們樂於接受這一切,也會定期帶自己的孩子回來探訪。我時常告訴他們,不只是一個,而是二十個岳母(或婆婆)

真是幸運！

地下一樓是料理饍食的所在，每天要供應逾千人份的食物。食客通常是街頭的乞者，此處是他們賴以每日享有一餐的地方；這也是他們一天中唯一的一頓飯。然而，有時會有未可逆料的災厄發生，需要我們提供緊急救助。舉例而言，有一回隣近加爾各答的一片廣大區域遭洪水來襲，造成一千二百個家庭困頓無援。希舒・巴滿的姊妹和弟兄們徹夜工作，提供援助和庇護。

夏荷曼修女回憶道：

「我們是市井俗民，我們的工作就在街頭進行。我們在行進間禱告，前去探訪家庭，陪伴垂死孩童，或致送藥物給有需要的人。每一位姊妹一天走訪一條街，看看能夠幫上貧苦人們什麼忙。我們也去到一些幾乎沒有什麼公共設施的村莊，在那兒開設醫療中心。有的時候，在這樣的地方，每週要照看約二千五百個病人。

我們的姊妹中，有許多是受過訓練的護士，也有醫生，通常在診所中工作；病房中另有專門訓練過的姊妹負責照料病童。我們也為街頭受虐或淪為雛妓的孩童設了一所學校。這些孩子往往衣食無著，短少醫藥。我們將他們聚集一處，教導他們，供給衣食，一段日子後再設法為每個孩子找到一個資助者，以便他們能進入正式的學校，完成教育。

這兒也收容一些身心殘障的孩童。他們多半活不長久。倖能存活的，在十三歲以後，會被轉送往我們其他各類慈善之家。」

加爾各答的安息之家——尼摩．何里得(NIRMAL HRIDAY)

加爾各答安息之家尼摩．何里得的現址，原是供朝聖者在參拜過卡里(Kali)大廟後休憩的地方，地處加市最為繁華的心臟地帶——卡里加。我們的安息之家其實就是廟的一部分。進得門來的左手邊，是男子病房，右邊是女子病房。窄長的窗戶，透進縷縷光線，照映房間內成行成列覆蓋藍色塑料罩被的病牀。當中就是醫療中心和盥洗間，其後有廚房和殮房。屋頂上是街頭遊童的學校，並兼做姊妹們的住處。

我們有五十個床位提供給男性，另有五十五個女性床位，但可視情況需要而增加。人們初被送來此地時，通常已無法言語，所以救護車一到，姊妹或弟兄們便即為他們安排床位，登記以「無名氏」。在經過關愛照料、少量進食之後，他們可以言語了，能報出自己的名字，姊妹們還試著要知道他們的宗教信仰——以便在他們死去之時給予適當的宗教喪禮：天主教徒和回教徒各歸其不同的墳場，印度教徒則送往距離我們甚近的火化場。多數被送來這兒的人是印度教徒，所以我們若不知道他們的宗教信仰，通常逕付以印度教葬禮。

主持安息之家的多羅瑞絲姊妹說道：

「我們從來不問任何人他們為何流落街頭；我們毋需知道他們的過往。我們不以他們所處的景況來評斷什麼，因為他們所需要的只是一點關愛和照料，便心滿意足了。我們只需看顧被送來的人們，天主自會透過我們進行其他的事。

通常，當一個人來到這裏以後，會被施以沐浴；但若實在病得太重，便只是安排牀位，為他們洗臉。有的時候，我們需要照看一些生了壞疽或傷口長出蛆蟲來的患者，也有惡性下痢的病人。許多來者患有肺結核，有的則流血不止，需要先行止血。

有些病人可能才躺下便死去了。也有病情好轉，能夠坐起身來，甚而可以走動者，也許就回家去了——儘管對於他們許多人來說，所謂的『家』不過仍是街頭。所以有些人在離開我們之後，如果再度罹病，仍舊會再回來。我們的說法則是會為他們保留床位。」

英屬諸島

出生於美國的泰瑞西納修女，是英屬諸島及愛爾蘭地區長上（Regional Superior），由她來介紹我們在英國日見擴增的工作：

「當姊妹們展開此間的工作時，我們發現，需要去幫助許多孤立家庭中，依賴養老金維生的老人。我們不時發現一些嚴冬中連暖爐都沒有的老夫婦，或是為種種原因而致家徒四壁的人們，有的人簡直不知道能和什麼人接觸——磚牆之後有這樣多寂寞的人亟需他人探訪。

剛開始的時候，我們時常夜間外出，尋找無家可歸者。現在，我們為這些寂寞的人們舉辦短程旅遊之類的特別活動——前不久才用六輛大巴士載了三百二十個人出遊。

目前，我們在倫敦的吉爾本(Kilburn)設有男女庇護所，在英格蘭北方的利物浦，也依男女之別而設有同樣的收容所，和一間免費供饍的食堂——除此之外，我們還有神職工作，要做家庭拜訪，和孩子們的要理課程。

我們在出外之際都誦念玫瑰經——主的話語即是我們的武器，因為撒旦試圖要左右人們的生活，我們得盡力突破魔障，以與耶穌和瑪利亞同行。是他們在行使大能觸動人心，而非我們。我們深深的喜愛著玫瑰經。記得有一回，我們在倫敦地鐵內誦讀經文，音量很低，因為在英國的公共運輸工具中人們不大交談，所以車廂中相當安靜。後來班車故障，我們得到月台上去等候，下一列來車相當的擁擠。我們身邊的一位女士說：『姊妹，我想讓你們知道，我一直和你們分享玫瑰經，和你們一同祈禱』，我們並不知道她這麼做。她說，她有時會來我們在博溫頓路的家(house)守聖時(come to the holy hour)，但已有一段時日不克出席。這段對話對我們極有助益，我們並非總能看到自己做出來的成果。

當德蕾莎修女於一九七四年三月來到倫敦的男性庇護之家，看到二個房間，便說：『這房間留給愛滋病患。』這是我首次聽到我們可能接受愛滋病人，但德蕾莎修女就只是這麼說——我想，她也是靈光乍現的想到的，我記得她站在房間內說這話時的神情。所以，我試著要實現此事，而這並不容易。目前，透過一位戒絕了酒精、毒癮而本身染有愛滋病的男士之助，我們收容一些無力照料自己的病人。」

修士們的工作

傑夫修士是澳洲人，繼仁愛傳教修士會(Missionaries of Charity Brothers)

我們的手何其溫暖

（見73頁）

愛不是贊助，慈善無關憐憫，而在乎愛。
慈善與愛是一樣的——你藉由慈善獻出愛，
因此別只是給錢，而是要伸出你的手。

創始總會長(founding General Servant)安德魯弟兄之後，接任該團體領導之責：

「在洛杉磯，我們的主要工作，是一個為拉丁美洲裔非法移民所設的日間服務中心。這些非法居留者多數流浪街頭。這個地方每週三天提供給七十五——一〇〇個年齡在十四——十八歲間的青年人享受熱餐、淋浴設備、醫療服務、修剪頭髮、和放鬆身心的所在。我們並且照料八個身心方面有障礙的男子。他們也是在洛城街頭被發現的，亟需被照料和擁有一個安全的環境。

在日本東京，我們幫助一些淪落街頭的酗酒者。這是一份全天候的工作，時而會碰上些打鬥，情況可能變得很複雜——我們試著將暴力摒除在慈善之家以外。日本酗酒者往往要比其他國家的酗酒者來得行為規矩得多；在洛杉磯，我們的弟兄試圖要幫助淪為盜賊的孩子們，在香港，也有弟兄協助嗜毒者。在其他外在環境更為險惡的地方，也有我們的工作在進行著——如哥倫比亞的波哥大和梅德林市，真是暴力充斥，我們日有聽聞，但力求與之無涉。那兒的人們知道我們所進行的工作，多半不會來打擾我們。

我們的濟貧工作與其他團體所做的大不相同。這並不是說孰者為優——我認為這都是行善——不過其他團體努力在協助貧窮者脫離當初讓他貧困的狀況。這樣的努力是很值得的，特別是透過教育來進行；但這可以轉成政治性的議題。仁愛傳教修女會覺得需要幫助的，是那些無論你為他們做了什麼，他們在某些方面仍得依賴別人的貧窮者。人們總是問道：『與其給他們魚，何不教他們怎麼釣魚？』我們的回答是，多數接受我們幫助的人甚至沒有手握釣竿的力氣。我常想，這就是我們的工作容易造成混淆，甚而招致批評的地方。

社會的進展當然是必要的，但這並非貧苦人們所需。如果有一個人即將死去，根本沒有時間好去探究他何至於步入這般田地，並去列舉一切可以補救的社會法案。我們會說：『讓其他人去設法解決造成此人困境的種種難題，但眼下讓我們助他能平靜而有尊嚴的死去。』有太多的例子我們提供短期照料更甚於他們所為。我們僅只自忖：這個男人或女人需要幫助——我們能為他們做什麼？如果政治上的變遷能在未來令這情勢和緩，我們樂觀其成；但我們沒有時間和精力，特別是沒有這樣的能力，去投身於大環境的改變。天主以祂的大智慧聚萬事於一處。祂知道沒有人能掌控全局，所以驅使某些人耕耘某些領域，其他的部分則由別人來努力。」

還有這麼多工作需要進行……

許多人請求我們在世界各地開設新的慈善之家，我們也不斷的回應所求。目前全球超過一百個國家有我們的分支機構——能夠在這許多地方為窮人中的窮人提供全心無償的服務，真是天主的恩賜。現在，我們在西班牙、葡萄牙、巴西、和宏都拉斯，都設有愛滋之家。在非洲，我們進行同樣的工作，但未特別開設愛滋之家；在海地亦然。美國的各大城市，如紐約、華盛頓首都、巴爾的摩、達拉斯、亞特蘭大、和舊金山等地都有我們的愛滋之家。如今我們在孟買設立印度的第一個愛滋之家。

華盛頓的孤兒院方始起步，我們還一直期望能在中國開辦孤兒院。總還有更多的工作需要進行。不過多羅瑞絲修女要說的這個故事，告訴我們見到新家的成立，是何等的喜悅：

「一九六五年，委內瑞拉主教請我們在科克拉特（Cocorote）成立一個仁愛之家。這是德蕾莎修女首次在印度以外設立這樣的機構，能夠參與其事，對我真是無上喜悅。德蕾莎修女只欲派遣發願過的姊妹前往當地，而非如我這般資淺者。但她慣常會詢問是否有志願者，每一個人都會舉起手來。當時我在德里的兒童之家協助另一位姊妹，有機會與德蕾莎修女共處。她把我拉到一旁說：『耶穌要你去委內瑞拉。』

我真高興天主計劃差遣我去。我們這個團體於一九六五年七月二十六日抵達該處。如今，在每年的這一天，他們都會為當初姊妹們的到達舉辦一個感恩彌撒，也會為此間仁愛之家的貧苦者準備一個特別的慶祝活動。

我們初到之時，全然不知當地的語言及風土民情。那是一個截然不同的所在。這是天主給我們的又一次挑戰。迎接我們的人無不滿心歡喜，教給我們些許單字，只要我們學會了，便協助我們組成完整的句子，因為我們並沒有時間坐下來學習。科克拉特對我而言是一個美麗的傳教站，那兒的人們讓我覺得非常貼心，即使在事隔多年後的今天想來依舊如此。

歐康那樞機主教(Cardinal O'Connor)於一九八五年協助我們在紐約成立第一個愛滋病患之家。之所以創始，起自欣欣監獄(Sing Sing Prison)的需要，我們的第一個病人即來自於該處。這類病人通常會被送往聖克來爾醫院、美景療養院、或西奈山病院，我們時常前去探訪。如果情況合適，這些病人都很樂意來加入我們。他們通常為人所拒，無人依托，心中滿是苦楚。要去面對生命中的最後階段，殊非易事，所以我們在這群人當中，刻意營造出一種家庭般的氛圍——共同用餐、談話、禱告、遊戲。許多人原本與自己的家庭並不親近，但在與我們共處一段時日之後，透過主的恩典，他們的雙親也會相伴而來；有的人則會寫信或打電話回家。隨著這個團體的漸漸成長，可以見到病患自動去照料旁人，那真是件美好的事。」

懾人的力量——依簡明之路而行

我們的工作持續無間，我們的仁愛之家總無虛席；貧苦者的難題不斷，所以我們工作不懈。然而，不僅是仁愛傳教修女會，每一個人都可以透過和自己國家裏的窮人們的接觸，來為天主做些美好的事。我知道要對他人施出援手總讓人有所遲疑。只有那些為天主大愛所充實的人們願意去進行愛的工作。這就是未來——天主期許我們透過付諸行動的愛來服務，在被召喚之時憑藉聖神的啟發來行動。

如果沒有義工，我們的工作將無法進行。他們有著相去甚遠的背景、文化、和信仰，但我們所求於斯者，僅只是能夠花時間去關愛他人。我們以招貼在聖母院前的這些話語來歡迎他們：

你來到跛足、傷病、垂死者之間服事耶穌，我們很高興，很感謝你願藉這個機會來見證天主的愛付諸行動。記得是耶穌在透過我們工作——我們僅只是服務的工具。問題不在於我們做了多少，而是我們在進行中投注了多少愛。

多羅瑞絲姊妹有甚多與義工共事的經驗，她提供以下的建議：

「來與我們共事的義工，必須有開放的心靈，要能從事任何工作，這也是天主希望每個人都能做到的。在姊妹和弟兄們身旁工作的大多數人都能秉持德蕾莎修女和仁愛傳教修女會的精神，因為我們的路徑截然不同於外界或其他慈善機構。我們的方式簡明，來幫助、分享我們工作的人們，也得要與我們共同遵行。譬如我說：『送這位病人去醫院』或者『現在只需為她淋浴』，協助者便應該已準備好了去做，因為我們並不依循規則程序。來到這兒的男男女女都十分賣力工作。」

倫敦的泰瑞西納姊妹對此甚表贊同：

「義工對我們助益良多。儘管我們必須準備好一切自己動手，但對他們仍有相當程度的依賴。如果我們需要志願性的協助，我們求之以禱告；如果沒人施援，便請窮人幫忙，他們十分樂於為之。我們總是依我們簡單的方式來達成目的——煮一頓飯，以饗貧者。重點在於持續的提供這樣的服務，這樣的幫助；若是有義工相助，只是令我們更有效率。」

以下的這段話，發自一位義工，告訴你因為幫助他人所能付出與得到的。瑪麗是位醫生，和我們一起在卡里加工作過一陣子：

「試想自己到了一個地方，別人對你說：『去為那個人沖洗。』那是一種令人難以想像的特權，你不必告訴別人你是誰，只要具備助人的意願就好了——評斷你這個人的準則在此。這是德蕾莎修女工作的重點之一——讓人們去接觸貧者。這是為了我們自己，也是為著那些窮人。我們已然跨越了這道巨大的鴻溝，你知道的，那並非什麼『數百萬』的人們，那是你真實的接觸過的一些人。」

付諸行動的愛

在這段中，我們遍佈全球的義工當中的一些人，一些非神職工作者的男男女女，將分享他們所經驗到的服務貧者的感受，和自己如何發現能在其安身的團體中做些什麼。

來到加爾各答的義工所做的，大多是照看傷病垂死者，或兒童之家希舒．巴滿中的孩子。這些了不起的人們如是慷慨的付出，許多人為要來此，要共享關愛貧者的工作，和親近耶穌的感受，犧牲不小。對某些人而言，來到這裡令他們有機會真正的加深個人對祂的愛：

多娜(Donna)

「我是一個受過訓練的護士，自我所居住的蘇格蘭告假出外旅行，在雪梨工作之時，突然冒出了要幫助德蕾莎修女的念頭。我並非天主教徒——成長於蘇格蘭長老教派的環境中，父親還是無神論者。我想自己之所以決定要去印度，是因為看了『甘地』那部電影。我對印度的歷史並不是那麼感興趣，有意思的是甘地的哲學，和他所表現出來的那種無私而謙卑的生命。所以我動念要去看看他的哲學和德蕾莎修女的哲學之間有什麼相關之處。

我寫信到加爾各答並受邀前往，開始在兒童之家(希舒・巴滿)工作。我對聖母院和其他慈善之家的第一印象，便是他們的簡單、和平。在我所親歷加爾各答街道上一切嘈雜汙穢中，他們的所在宛如天堂。

因為與仁愛傳教修女一同工作，我覺得生命中有些事情改變了——無論你停留在那兒的時間長短，你的生命不可能不發生重大改變。現在我再也不會因目睹貧窮髒亂而感震驚，對於自己能為窮人所做的事，也想得更為實際，並自知在回到家鄉後，可能從事協助無家可歸者的工作。在修女們身邊，感受她們無窮的信心，這令我感到安慰，並幫助我進行這份工作—你知道，他們的喜樂和信仰深具影響力。似乎不論是誰來此做義工，都能接收到這訊息，再帶回自己的家鄉，傾注於工作中。重要的是在於做些什麼事，倒不一定要去到加爾各答，或者是試圖要做到像修女們一樣。」

琳達(Linda)

「我實在是強烈的感受到，那好像不是我自己想要去加爾各答的，簡直就是被推到那兒去的。當然，我知道前往加城是正確的，那是一種召喚。許多前去印度做義工的人們認為，他們的行動是發乎自覺的；但事實上，那憑藉的是另一種更深層的事物。這些義工讓我瞭解到，他們聆聽到內在的聲音—這聲音只是觸動他們，便成了他們必得做的事。剛開始，印度的貧窮、噪音、和侷促令我甚為緊張，我暈頭轉向的在街上亂走了一整天，直到我開始習慣這一切。然後，我開始在兒童之家工作，早上在那裡工作，午後則空下來。

頭幾天我欣喜若狂，我想，『我真棒，做著這些照顧孩子的好事。給他們關愛，他們便對我笑、愛我。』我好有成就感，自覺如此偉大！然而，在三天以後，我徹底的崩潰了，我突然瞭解到，自己只不過是在此短暫停留的人。我陪孩子們遊戲，擁抱他們，關懷備至，但是時間一到我就會回英國，回到我那美好舒適的家、做我那安逸的工作、領我的週薪。我給娃娃糖果，再從他們身上收回。我開始哭泣。原本以為自己是這麼好的人，現在才知道根本不是這麼回事，我是為自己而奉獻，不是為他們。我這麼做，是因為內心需求幫助；我的付出是為了心中急需治療的事物——那是我對愛的需要。

一位在那兒待得比我還久的義工安慰我說：『不論你付出的是多麼微小的關愛，若是你未曾來此，不曾付出，他們什麼都得不到。每一位繼你之後而來的義工都會再多給他們一些。』我從而對修女們更為讚佩了。在他們奉獻的生命中，完全不曾為自己設想。他們真正是屬於天主的，這是如此的美好，鮮少能見有人這般全心投身於什麼事。這改變了我的生命。正如福音所言，我所得的遠甚於所給予的。我離開加爾各答時，深覺這是一個非常特別的地方，天主在此施展大能，有一種美好的力量在運作著。」

茱迪絲(Judith)

「我從大學時代起，便在澳洲墨爾本一個收容流浪酗酒者的慈善之家，為貧者工作。我很喜歡我的工作，也想要試著在其他國家做一些有關社會福利的事。這個念頭在我腦海中存了很久，直到因為種種原因促成，離開澳洲的時候到了。由於我在澳洲曾經接受過羅瑞托會修女的教育，故對他們的組織略知一二，所以前來加爾各答。起初，我只打算教英文，但是在我與這裏的義工團體連絡後，成了仁愛傳教修女會的全職義工。我在此已經六個月了，非常喜歡我們的工作方式。我在卡里加的安息之家，每天早上八點鐘由多羅瑞絲姊妹主持的省思開始我們的工作。每一個人就自己的經驗或想法發言五到十分鐘，或是分享我們的故事，你有充分的選擇權，所言毋需特別與我們相關——來者形形色色，觀點大異其趣，但在我們開始行動之前，能共有這樣的一段時間，是很重要的。

你必須把以前所受過的訓練全然置諸腦後，因為這裡不是醫院，而是個大家庭。護理工作可能是很基本的，但不可輕忽淡漠。有著許多事要去經歷，有時讓我對病痛感覺相當脆弱，並有情緒化的反應。在此幾個月後，我已全然為情緒所控，甚而無法做到像照顧生了褥瘡的婦人這樣簡單的事。因為空虛感，我無法為傷者更衣。我休了三個禮拜的假——修女們對此全無批評，且鼓勵我們休假，去照顧我們自己，因為他們深知這份工作有多艱難。當我休假回來後，連著工作了三個月，這三個月是我在這裡最美好的時光。准許自己去經驗這樣的苦痛讓我感到滿足。卡里加是個很特別的地方，因為我們每天的生活都要面對生與死。

來到這裡以後，我的天主教信仰有了全新的改變。以基督徒來說，我覺得活力充沛。這已經不是信仰的問題了，而是自知心中有什麼事物在呼吸著。雖然終日為死亡所圍繞，但能見到原先生活不自在的女人們（女性義工只看護同性病患）來到此處後，能有人代為更衣、協助進食、被當作人類來對待，這般服務的尊嚴令我敬佩。對我而言，重要的是這些女人死去時能有真心關照的人陪伴左右，替她們注意清潔等諸多事宜。死亡的尊嚴非比尋常──這是卡里加最重要的事。

為能從中獲得滿足和快樂，我知道自己將會繼續為貧者工作。在這裡我得到前所未有的快樂，這其中有些什麼因素在作用著。我終於發現過去的我是這麼的不快樂──我知道許多人有這種感覺，不得安心，還要說服自己是滿足的。」

麥可（Michael）

「我和妻子珍妮於見識到生活在加爾各答豪拉（Howrah）車站裏，無人關心孩子們的需求是如此之甚以後，在二年前開設了一個名為「軌跡」的團體(Tracks, Training Resources and Care for Kids)，針對孩童所需的資源及照料進行人力訓練工作。仁愛傳教修士們都在早上來到這裡作例行探訪，提供醫療服務，但我們知道他們無法解決所有的問題。譬如說，有的時候我們會在月台上發現新生兒和棄嬰，或者有年紀較大的男孩對較小的男孩女孩施以性虐待——這些幼小孩童全無庇護。

我們在成立之初，一無所有。但我們向德蕾莎修女求援時，她提供了藥物讓我們得以運作。現在如果我們的孩子當中有重病或需要長期照顧者，兒童之家(希舒．巴滿)的修女會接受他們。有幾回我們的人被當局逮捕，但只要德蕾莎修女寫信給車站管理機構，他們便不會多加為難。

以我們的工作量而言，平均每天要照顧三十五到四十個年齡在一到十六歲之間的孩童。我們有全職醫生和護士各一位，二位老師，一位團康人員，一位衛生署官員，以及三位來自其他不同國家的義工；我們在一所非正式的學校來教導孩子們，基本科目包括數學、地理，以及如何在社會中生存，由於這不是正式的教育，所以我們訓練孩子在離開此地之後，能銜接上一般學校的程度。我們以印度文、孟加拉文及英文等三種語言進行課程。」

斐妮(Penny)

「一如我所認識的許多義工，我之所以來到加爾各答，全屬意外，只是在赴澳洲的途中暫駐此地。當時我是個美容治療師，剛離婚不久，有個老朋友買了機票要我去看她。她是仁愛傳教修女會的義工，我甫到女青年會(YWCA)她便來接我，說道：『我正祈禱有人能來幫忙，而你就來了。』她問我能否陪她去貧民區邀請孩子來參加母院的聖誕話劇。你能想像我受邀時身著窄裙、高跟鞋的打扮嗎？

幾天以後，我生平第一次來到卡里加，那真是難以忘懷的可怖經驗──身為一個美容治療師，習慣了一切事情都該是美好整潔的、有著好聞的氣味，我於

愛，直到成傷

（見83頁）

我們必須在愛之中成長，
為此我們必須不停的
去愛、去給予，直到成傷
以非凡的愛去做平凡的事，
而你所給予的，
不只是在你的生活中可有可無的東西，
你也將給予你生活中不可或缺的、
或是你不想失去的、
你非常喜愛的東西。

此所見對我實在是一大震撼。一位姊妹要求我為一個女人盥洗，我覺得那根本是不可能的事，我就是辦不到。我呆立在那兒，她叫我過去說：『斐妮，拜託妳，照顧她。』我開始哭，說我辦不到。她便說：『好吧，跟我來』，她扶起那個只剩骨架子的女人，帶她到浴室去。直到現在那景象仍令我流淚─房中昏暗，而我痛苦異常，瞬間整個房間亮了起來，一分鐘前我還說自己不行，下一刻我便瞭解到自己當然可以勝任。

看到一幅壁畫的景象─那是耶穌的體現，我猛然體會無論任何人都可以是耶穌。不只是那位滿身瘡疤的老婦，整個世界都是耶穌的身體。我知道我能為一個人所做的，也能為其他任何一個人做到。

我待了六個月。當我將離開加爾各答之際，對德蕾莎修女說，『我會回來的』─她答道：「妳不會的─妳住的地方仍有很多事得做；事情將會發生，天主會告訴妳該怎麼做」。過去當我在對顧客進行美容治療時，往往會因為無法幫助他們解決心理問題而沮喪不已。我發現，只要女人在小房間裏寬衣後，馬上變成一個小孩，成了一個有太多心事要釋放的人。我們開始閒聊，她會把自己所有的難題一傾而出，讓我不知如何處理。我可以幫助她放輕鬆，但是對其內心深處隱痛的事物則無能為力。我知道自己能接受訓練而成為一個心理治療師──我也這麼做到了。

現在，當老人家告訴我他們已然定形，而且老得無法改變時，我會說：『抱歉，我無法同意。依我的親身經歷而言，我可是在四十三歲時徹底的改變了我的生命。』」

以上幾個篇章，是在加爾各答協助我們的人所經歷的片段。但我要重申，要對他人付出關愛，不一定得到印度來──你走的那條街就可以是你的安息之家。你可以幫助自己國家裏的窮人，一如以下的幾個故事：

戴夫(Dave)

「一九九四年初，當我在電視前看到盧安達和索馬利亞國內的悲慘景象之後，便開始自願協助仁愛傳教修女會。我的妻子因商務外出旅行，故只有我一人獨處，沒有什麼事好做。我看著電視上的新聞，開始想道：『老天，真有很多工作要做，有這麼多地方，這麼多需求，真應該有人到那裏去做些事。』接著我想到：『你坐在這裏，要不就付諸行動，要不就閉嘴』，所以我當下自許，要去看看有沒有任何團體，願意用我這樣一個普通而沒有任何特殊技能的人。起初我幫忙華盛頓的聖母聖衣修會，每週二晚上，在一個女性庇護所工作。庇護所中多半是些吸毒、酗酒者，或曾操賤業，或甫出牢獄的人。那是個危險的地方，但我對無家可歸者的認識因此而大為增加。你知道，我們慣常把這類人當作天外訪客，從沒想過要接觸他們或是與他們談話，因為我們認為，這些人可能很暴劣，或是精神不穩定。但是依我的經驗，這樣的人往往只是少數。他們大多數人沈默溫和，只是什麼地方出了岔子；他們容易受到傷害，所遭遇危機的可能遠甚於其本身的危險性。

回想幾年前德蕾莎修女來華盛頓時，在國會山莊接受款待之際，一位參議員對她說：『修女，您的所為真令人讚佩！』她答說：『那是天主所為。』他接著說道：『但是在印度這樣一個困難重重的地方，您所進行的工作都能成功嗎？抑或是無望的嘗試呢？』她答道：『呃，議員先生，我們並非要追求成功，我們求的是忠誠。』她的回答實在直指我心。

後來，到了歐洲，因為仁愛傳教修女會派我到倫敦當義工，我與姊妹們有了接觸。之前我從未到過倫敦。每天早上，我滿心喜悅身在此處—這對我而言是個意外，但是千真萬確。我想道：『感謝主，開始這一天吧。』我總是很快樂的開始一天，不同於我過去從事的其他工作—那些世俗性賺取報酬的工作—我永遠無法滿足於此。在這裏，我的所做所為與內心所思和諧一致。我的感受、思想和行為全無衝突。」

傑瑞（GERRY）

「我認為想要改變世界是不可能，而且甚至是很傲慢的念頭。如果你不喜歡它運作的方式，那麼就改變你自己。我對自己的家庭、工作、和生命就是這麼處理的。透過自我的改變，我與他人的接觸更為親近。過去的我煙不離手，重達二百一十磅，現在終於開始著手停止自我毀滅，每天跑步減重，變得健康多了。

幾年前我跑步的時候，耳朵裏總有一隻小蟲絮絮叨叨：『你得要為天主做點什麼事。』我根本不知道要做什麼。後來，我在堂區佈告欄上讀到一則告示，寫著：『徵年輕男性協助紐約市南布朗克斯青年庇護所的修女』我便掛了個電話給他們，逕往該處，並告訴一位修女我要找庇護所，她說：『到那個角落去等。』很明顯的，她以為我需要幫助。修女們有一條規定，庇護所先接受前夜便來此的人，後到者要等空缺。所以我站在那裏，看著這群無助、無家可歸的吸毒酗酒者。我走到前頭去，當他們打開門時只是說：『請等待。』所以我想，好罷，我等──因為外面有些冷，所以我回車上去等。這些人們站在那兒，如是等了三倍長的時間，他們仍然叫我等，我開始惱火了──也許我不該再等下去。外面冷，天也漸漸暗了下來，我自忖：『我站在這裏做什麼？』我是最後一個等在那裏的人。

終於，我按下電鈴，他們開了門，我說：『我叫做傑瑞，來應徵義工。』他們答：『哦，我們一直在等你！』我這才知道他們已經注意到我了，因為她說：『你在寒風中同窮人一起』。此後每週兩天我會來到這扇門前，至今已歷十三年。每當我得叫一個人等待的時候，『請耐心等待！』，我非常清楚那種感受。

現在我是一個全職義工，曾經協助修女們在美國國內其他地方，包括新墨西哥州等地開設慈善之家。我開始義工生涯之初，負責照料來到門前的醉漢，覺得很難在這些可憐的窮人樣貌下看到耶穌。但我發現自己得不斷嘗試、觀察、努力，因為這裏的窮人異於加爾各答或墨西哥所見者。這裡的人們更為精神上的匱乏而苦惱。在美國，這也許得歸因於道德的淪喪，以及這樣的一個事實：如果你是窮人，你就被排斥。這就是我們在南布朗克斯所做的工作，但並沒有太多的義工，因為我們需要他們久居此地，而這裏的多數人並不願意這麼做。」

凱蒂和肯尼(Katie & Ken)

「肯尼的祖父母來自印度，我們打算前去拜訪他們，並且決定不僅只做一次普通的觀光旅行，而要在當地停留一些時間，以便和加爾各答的修女們一同工作。在此之前，我們是倫敦仁愛傳教修女會的義工。

去年，當我們在以色列渡假時，我們想要去以色列佔領區內的那普魯斯；有修女們在那樣極端艱鉅的環境中工作，照顧來自巴勒斯坦難民營的孩童和老人。有人勸告我們不要去那麼危險的地方，但既然我們身在以色列，且該地在耶路撒冷北方僅五十哩處，我們不可能就待在耶路撒冷而不拜訪修女們。

我們沒做什麼，不過是帶了點東西過去，但是我想他們非常高興我們能為此費心。他們在自己的土地上有一座美好的房子，五位修女和一位義大利老神父住在那裏。但是他們一切都得靠自己，而且飽受威脅，即使是巴勒斯坦人也不放過他們──因為身著藍白二色紗麗，望之儼然以色列國旗，使得他們原本被誤做是猶太移民。向來對他們投擲石塊的巴勒斯坦人，如今會帶著自己殘障的孩子或老人來到此處。

在幫助這些姊妹的過程中，我們學到了很多事情，其一在於當你關切他人安危甚於自身時，你就不那麼容易受傷害了。我們發現，在你全心助人之際，根本沒有時間來擔憂自己的恐懼──自然你也別無所懼了。」

尼格(Nigel)

「我第一次見到德蕾莎修女，是在一九六九年，當時學校裡的神父邀請她來訪。進修準備當神父時，也曾參與修女們在當地的工作。那時候我才十三歲，對我而言，她看來與其他老女人並無兩樣，但我記得她在彌撒之後所說的話，令那一天顯得意義非常。

我們的神父在學校裏組織了一個團體，前往義大利與當地的修女並肩工作。時值七〇年代初期，義國仍有許多貧陋的小鄉鎮，孩子們無所事事，在悲慘的環境中自生自滅。我們為他們組織了運動和其他各類活動—使他們得以享受一段美好時光。

在我離開大學生涯之後，我有意回饋社會，因此決定花些時間與修女們一同工作。那真是一段極端豐富的經驗—我想我耗了大概二年的時間，才開始真切的瞭解到個中奧妙。我特別喜歡修女們的喜樂，以及他們如此親切的待人方式。

我們在倫敦吉爾本的空間不大，甚為擁擠，但是吸引了許多人，不光是無家可歸的人，還有老老少少、各種各樣想來參與活動的人們。隔壁有一個為流浪漢所設的庇護所，有十四個床位。姊妹們時常籌劃短程旅遊。往往一大早五點三十分起便上了公路，發散邀請函。想要參加的人就來。我喜歡這樣。

當你認識這些人之後，我想你不會再拿我們所慣用的『酗酒者』或『吸毒者』之類的標籤來稱呼他們——你看到這些人們成為朋友。沒有人會試著賣給他們什麼東西。德蕾莎修女說，我們在全球各地的仁愛之家都免費提供別人贈予的東西。我覺得這真是美好。許多留駐這裡的人們問道：『我們要付錢嗎？』或者『政府會出錢嗎？』『這一切為什麼都是免費的？』我們答道，因為這都是別人免費提供的。

過去我的家裏問題重重。我的母親重病八年，患了帕金森氏病，伴隨而來的是精神上的痛苦、情緒低落，及肉體上病痛。你知道，所有事情一股腦的壓在你身上。我發現當自己必須為母親洗澡的時候，一切的樊籬都被打破了。別要我解釋什麼，我只知道當我的母親病弱之際，我變得強壯了。假期結束後我回到吉爾本的仁愛之家，發現自己在這個已經與許多人熟識的環境裡工作，令我堅強到足以回家去照顧自己的家庭。當我的母親過世後，我回到仁愛之家——這些老男孩在等著我，這裡有無盡的溫暖與慰藉。

我知道有很多願意做義工，或者想幫助他人做事的人，通常不希望碰上可能相繼而來的麻煩。反觀姊妹們把仁愛之家設在各種地方，不管當地有什政治紛爭或是暴力威脅。有人會說：『我不想去某處—那裡不安全』。但我認為逕去無妨，透過仁愛傳教修女會或任何你所能找到的媒介，去了解真相。我們之中甚至許多人害怕敲鄰居的門—許多人根本不認識自己的鄰居。試著去冒這個險：有些人可能趕你出門，但有些人可能會以朋友相待。透過這樣的接觸，許多人深藏內心的難題都可以迎刃而解。如果你和旁人接觸，特別是當你置身團體當中，是不可能寂寞的。這是相互的事—你付出什麼，就收回什麼。」

瑪麗(Mary)

「我曾在卡里加做義工，自覺與那兒的人如此親近。在安息之家服務是一種特權，可以用這樣的方式與貧者接觸，能夠跨越東西文化和階級的鴻溝，儘你所能的碰觸一些人。當我從印度返回倫敦後，我深受震驚—注意到事物更為人工化、更貧瘠、更組織化。我仍試著接觸這裡的窮人，儘管情況變得更為困難。譬如說，每天我走路上工的途中，都會在高架橋下遇到一個流浪漢。有一天我發現，另一個人會在早上上班的途中留一個水瓶和一點三明治給他，回程時再取回水瓶。所以我想自己可以放個橘子在那裡─後來我天天這麼做，也對他說聲『哈囉！』這樣的行動讓我覺得自己和修女們有一種精神上的聯繫─現在的我不會覺得不同國家或文化之間的差異有那麼大。一如德蕾莎修女所言，『我們只是被拋入海中的石子，激起些漣漪』，一個小小的服務動作，也可以盪起一圈漣漪，可以是許多事情的開端，不是嗎？」

以下是我們在洛杉磯的一位義工自述如何協助修士們進行一項使命，從而發現了一個乍看全然不同的世界。正如前面那些發言者，她也明白到在助人的過程當中，也能幫上自己的忙。

傑若汀(Geraldine)

「有一天我和弟兄們出外做例行探訪，經歷了難以忘懷的一天。每逢禮拜六、日，仁愛傳教修女會的義工都會到街頭分發食物給流浪者。那一天我一起去幫忙，由路卡弟兄駕駛貨車，當轉進一條街道時，他說：『自己做好準備，這個地方挺糟的，我們稱之為地獄旅館。』當我們驅近那家旅舍時，即見垃圾堆積成山。起初我們只看到一個女人坐在紙箱裏。我和路卡弟兄走下貨車，那垃圾和尿漬簡直令人無法置信，讓我們難以呼吸。我們步入這廢棄的旅舍，看到一個堆滿垃圾的中庭，開始喊道這裡有食物和飲料。住在此間的人們漸漸靠近。他們如此匱乏，身體瘦弱、又病又餓，住在這個看似地獄的處所。看著他們走出這幢建築物來，讓我聯想到恐怖片裏死者復生的畫面。我根本無法招架眼前所見的景象、嗅到的氣味、和那全然絕望的氛圍。

我把水果和三明治遞給身邊一個叫瑪格莉特的女人，她病了，手扶頸間，幾乎無法言語。她問我知不知道那裏可以找到診所拿藥，我自然不知道。我問

偽裝愛是如此容易

（見86頁）

在這世界裡，
偽裝愛是如此容易，
因為沒有人會真確的要求你給予
直到成傷、直到成疾。

路卡弟兄，他說可以找個認識的醫生來此出診。瑪格莉特告訴我們，她住在旅館另一邊樹下的床墊上。我們保證會回來幫助她。回到貨車上，我們開始流淚，我無法離開他們。我為那絕望和無助而哭泣，這是我近年來所見最悲慘的景象。

那天晚上，也是義工的比爾醫生在九點左右來到這裏。我們立即前往找尋瑪格莉特。她就躺在地獄旅館外的床墊上，至少燒到華氏一〇四度，因而囈語著。這個時刻還待在這附近的街道上，對我而言是一次全新的經驗。僅只十呎之外，正在進行著毒品交易，四周似乎全是些地下活動。比爾醫生正把瑪格莉特該如何休養的方法解釋給另一個流浪女人聽，我走到瑪格莉特身旁，發現她緊緊蜷縮成一團，抖個不停，身上覆蓋著骯髒的毯子，蒼蠅亂舞，宛如非洲飢民。我跪在她身邊，輕揉她的前臂，如是進行了三、四分鐘。我意外的發現她開始鬆弛。她的身體伸展開來，停止顫抖，顯得祥和平靜，儘管她病重至此，可能剛從崩潰邊緣抽身，但病到這個地步，已經無法靠賣淫來滿足自己的毒癮了。

我花了很多時間來想通這件事。我相信我們是天主醫療能量的傳輸軌道，可以將這種力量傳導給彼此。我無法確定的是，在這個情況下是誰病癒了。我初到洛杉磯時，因為不適應離開做了十八年工作後的混亂而自覺支離破碎，同時還得面對諸多因素所造成的憂傷。遇見瑪格莉特的這回經驗意義之所以重大，在於我已許久未曾因為他人的痛苦而哭泣了。與我在地獄旅館所經歷的事情相較，如過去一般為自身的苦痛而自憐，實在太微渺不值。

我深切的感到自己與瑪格莉特相繫。第二天我們又去拜訪她，還帶了些雞湯和乾淨的飲水。她的情況略有改善，非常感謝我們的幫助。我開始自問，為什麼一切悲慘的事都發生在她身上，而不是我呢？我的智慧告訴自己，這生命的謎沒有簡單的答案。不過，我想我的任務在於創造一種生活和生命型態，以訴說其奧秘。」

彼德(Peter)

「我十二歲的時候看了一部關於葛萊蒂斯・愛伍德的電影(編註：六福客棧：The Fun of the Sixth Happiness)。她是一位女僕，既無錢財也無學歷，決定了要做一個傳教士。後來她到了中國，當時正值戰爭期間，她帶著二百多個孩子走避山中，拯救他們免於兵亂。我想，這就是我將來要做的事！

正如許多青少年一般，我與教會日漸疏遠。在七〇年代龐克時期，我進入流行服飾做平面模特兒。這是個奇怪的行業，但我悠遊自得。

某日我自覺需要一點平靜，似乎有什麼力量叫我到教會去。那不過是個普通的儀式，但在將近尾聲時，一位神父談到了德蕾莎修女和所有修女們的事蹟。我從沒聽過關於她的事，但想要知道更多一點。所以我到倫敦的仁愛傳教修女會之家，見到長上，她對我說：『你想要何時開始呢？下週六好不好？』至今我和修女們一同工作已逾十三年，她們就像我的姊妹一般─我願為他們做任何事。

我想自己在尋找一點什麼，希望能做點有益於人們的事。與修女們在供饍食堂做夜班，和街頭的遊民談話，我知道自己的所做所為是對的。

它改變了我取決事情輕重的價值觀。後來我決定要去專業護理機構工作，儘管我知道所得將只有過去收入的四分之一。目前我在倫敦一所癌症醫院工作。我是一個護理員，主要是接送病人進出手術室。我見到有些人明明滿腹怨言，卻不吐露隻字片語——因為他們實在已經心碎了。時常有些可能是失去了親友的人來找我傾吐心事，我甚至不認識他們。那有點像是一種諮商性質的談話，發生得很自然，我未曾想過後續會發生什麼事。

醫院裏的人們知道了我是仁愛傳教修女會的義工，非常善心的提供了一大批醫療補給品運往加爾各答。我盡己所能的盡量贊助一些孩子，華德迪斯奈還為兒童之家的孩子們送給我許多玩具和徽章。

我想自己終於瞭解到，你擁有的愈少就愈快樂。當你見到修女們簡單的生活方式，那將會令你的生命全然改觀。我就是喜愛這樣的單純。我相信最簡單的路就是最容易接近天主的路。」

每當我聽到其他人能在有所需求之處施援的故事時，總是很欣喜雀躍。有一天，一個年青印度男子組成的團體來訪，說他們決定成立一個名叫「希望」的社團，旨在協助無助的人。所以他們把所有的錢湊在一起，到市場去為牢獄裏的囚犯買了七十個床墊。他們犧牲自己的錢財捐出這樣的禮物，也未曾告訴他人這份禮物去向何方。

以下是我最喜愛的祈禱文，我發給我們的義工，讓他們送給來訪的人，以便指引他們、幫助他們去服務別人：

親愛的主，幫助我，
讓我不管走到那裡都能散播祢的芳香。
將我的靈魂注滿祢的精神與生命。
穿透與統攝我全部的存在，

如此的徹底，
好讓我的生命只是祢燦爛光華中的一束光。
透過我發亮發光，同時將這亮光留駐我身，
好讓我接觸的每一個人都可以在我身上，
感覺到祢的存在。
讓他們抬頭仰望時，
不再看見我，
而只看到祢。
噢！上主。
留在我身邊，如此我將如祢一般發亮發光；
為照耀他人的發亮發光；
噢！上主，
這全是祢的光亮，
無一絲來自我的身上。

是祢透過我朝他人發亮發光。
因此讓我以祢最喜愛的方式讚美祢，
此即朝我身邊的人發亮發光。
讓我不須傳道更能傳祢的福音，
毋須話語，只要我立下榜樣，
只要我藉由我的作為發散吸引人的力量，
與引發共鳴的影響，
只要我心中對祢滿溢的愛在他人眼中是如此的清楚明朗。

——紐曼樞機主教

天主，讓我能夠為世界各地，
在貧窮饑餓之中輾轉死生的同胞服務。

讓我們的手在此日遞給他們日用的食糧；
讓我們藉由諒解的愛，
給予和平與喜悅。

——教宗保祿六世

PEACE

服務的果實是和平

愛之功亦即和平之功。每當你與人分享你的愛，你將察覺到，和平已然來到你們身旁。有和平就有天主——天主將和平與喜悅注入我們心中的同時，祂即與我們的生活有了聯繫，表現出祂對我們的愛。

引導我自死亡走向生命
自謬誤走向真理
引導我自絕望走向希望
自恐懼走向真理
引導我自仇恨走向愛
自戰爭走向和平
讓和平充滿我們的心
我們的世界我們的宇宙
和平 和平 和平

我們在世界各地的收容所，大多以「愛之贈禮」或「和平之贈禮」命名，因為我們深感天主的恩寵，心中滿懷感激。我們設立這些收容所讓窮苦的人有安身之處，但唯有天主能畢其功。多羅瑞絲修女和傑夫修士解釋道：

「任何來到尼摩•何里得的人都需要身體和心靈兩方面的治療。我們提供的身體治療予人安撫、舒適、力量，但心靈治療唯有藉助天主。因此，我們認知到我們的能力與弱點，並向天主求助，因為我們都帶著舊日的傷痕，而祂能夠治癒所有的創痛。這很簡單：只要我們向祂求助，祂就會給予我們內心的治療。這種心靈的治療讓我們的生活更為聖潔、更得天主歡心。」

「如果我們想要幫助病人照顧身體，且全心全意的看護他，當藉由愛的努力方得致之，所以其中亦有心靈之效。在做身體上的治療時，必須觀察病徵，決定藥量。這些是合乎邏輯與理性的步驟。而在心靈的層面上，由於無從評斷，你所能做的，是讓任何該發生的在心靈上自由舒展；你對人的愛越多，你們在心靈上就越有所得。最好不要有所預期。讓天主依己意行事，即萬事昭然。我也確實在一些人身上看到了這種轉變，隱約透露出他們更能體會天主對他們的愛。這也許並未在話語中表現出來，而是在行為之中顯現：和平已然降臨他們身上。例如，許多殘障者有嚴重的自毀傾向——以頭撞牆、撕破衣服和床墊——然而當他們稍稍得到更多的關注或更溫柔的對待時，轉變就很明顯了，我們無由真確得知他們的內心如何演變，不過我們知道，在他們的內心深處，治療正逐漸發揮功效。」

這種心靈的治療似乎已經影響了許多曾與我們相處的人——治療者與被治療者都分享了天主的和平。我們的義工莎拉告訴我們她在美國某愛滋病患之家工作的心得，以及那對她的影響：

「進來這間屋子的人知道這是他們的臨終之所，也是一處極為安詳之地。在這裡，只要他們有一絲絲認識天主之念，他們就能認識祂——以任何他們覺得適合的方式。例如，有些人相信來生，有些人則否。我們就天主與來生促膝長談，比較今生和我們可以想見的來生。每一個與我談話的人都非常相信天主。

有時，特別當他們臨終時，他們接受修女的信仰，並要求受洗，而從來沒有人強迫他們這麼做。

我發現，這裡的工作讓我的生活事事都有了定位與標準。當我在辦公室辦公時，我似乎是在所謂的「真實」世界裡，而當我開始從事每週一次的仁愛傳教修女會義工的工作以後，我發覺這才是真實的世界。收容所並不怎麼美麗與迷人，然而在這裡的人都是如此的真實有朝氣，他們已接近死亡却有如新生。城裡的人雖是活著，卻完全無法擁有如此真實的生命。

在收容所工作讓我學習到此生中，什麼是重要的事情，也使我明瞭，在今生之後還有來生。在我認識的人之中，有很多人終其一生根本沒有想過有來生。天主告訴我祂愛每一個人，因此，我有什麼資格去評斷別人？仁愛傳教修女會義工的工作讓我的生命更深沉、更豐富，也更能在物質和精神的領域間求取平衡。我已找到和平。」

多羅瑞絲修女也道出她與將死的病患相處時，所體驗到天主的和平：

「許多來到我們愛滋病患之家的人，一開始非常的沮喪與絕望。但是經過我們的修女和義工的悉心照料，他們的心找到了和平。所以他們來到我們這兒實在是回到了家。許多人說：『這將是我最後的棲身之地，我最後的住所，』而我總說：『不，這不是一切的終點。你將從這裡出發前往你真正的家，天父在那兒等著我們。』許多人便如此期盼著。

當我和人們共同渡過最後的時光，看著他們如此平和的離開這個世界，我想我們在某個時刻也終歸要走過這些。我是多麼盼望自己也能以如此美麗的姿態平和的走過。我們都將回歸天主——祂是我們的源頭，也是我們的歸屬，因此，在扶助他人走過最後時光的同時，我們也幫助了自己。」

泰瑞西納修女記得曾有一個人於造訪倫敦的收容所之後寫了一封信給她：

「他離開後寄來一封信，信上說，他在我們這兒找到了他自己買不到也找不到的東西——心靈的和平。他說在他的一生中已嚐過太多財富的滋味，而其中卻幾乎沒有一絲絲和平的氣息。」

快樂不須探尋

（見90頁）

喜悅是愛、喜悅是祈禱、喜悅是力量。
天主喜愛那些懷著喜悅給予的人，
如果你懷著喜悅給予，你將會給得更多。
一顆喜悅的心來自一顆燃燒著愛的心。
愛之功亦即喜悅之功。
快樂不須探尋：若以愛待人，旋即得之。

忘記自我，你便找到了自我

快樂與和平是我們的權利。我們為此而生——我們生而快樂——而唯有摯愛天主，我們才能找到真正的快樂與和平：摯愛天主有極大的喜悅與快樂。許多人以為，有錢使人感到快樂，這種想法在西方世界尤盛。我認為財富使得快樂更難尋，因為你將很難見到天主：有太多其他的事情要你來煩心。然而，如果天主贈財富予你，你就遵照祂的意向來使用它——幫助他人、扶助窮苦的人、製造工作機會、協助別人得到工作。不要浪費了你的財富，因為食物、家庭、尊嚴、自由、健康、教育都是天主所賜，所以我們必須幫助那些比我們不幸的人。

耶穌說：「你為我兄弟中最小的所做的一切，都是為我。」因此，假使我犯了錯，假使我因為自私、缺乏慈愛的心或其他原因而傷害了主，這是唯一會讓我感到悲傷的事情。如果我們傷害窮苦的人，如果我們彼此傷害，我們便傷害了天主。

一切都是天主所賜，一切也都將被祂取走。因此，把你所得到的與人分享，包括你自己在內。

下面這首詩的作者是我們在舊金山的一位愛滋病患者，講的是分享和友誼的喜悅：

身為朋友，我不在意，我絕不在意，
神祇與人們如何錯待我、打擊我。
祂的言語是一顆星，足讓我悠遊旅驛。
我望著祂，靜靜的讚頌。
身為朋友，我不希求黃金
或輝煌的贈禮能討祂歡心，只是
坐在祂身旁，讓祂握著我的手。

我想，錢財是否讓人無視於巨額的寶藏？
身為朋友，我只希求藝術
那白色的純粹火燄燃遍我身，當我於源自
一躍動心靈的聱屈文字裡
追索著寫在祂顏面上那讚頌美麗的歌詩。
縱使我自出生即為一追尋者，
這是我在這世上唯一學到的，
是我的知識予我的贈禮——
好言勸說以招納仇敵。
我所能找到的是一些漫渙的真理，
像芒刺一般嵌在我的心裡
消解某個水泡，焚燒某封舊日書信
年輕人說：「跟我們談談友誼吧！」

祂答道：

「你有朋為伴，是你的需求得到回應。

祂是你的一畝田地，你以愛播種，

感恩收割。

祂是你的膳桌、你的爐床，

讓你饑餓時有所投靠，

追尋祂以獲取和平。」

每一刻皆感快樂，這便足夠。我們只需要每一分每一秒，其他則非我們所求。現在就要快快樂樂的，假如你的行動顯示出你對他人的愛，包括那些比你窮苦的人，你也將帶給他們快樂。這所費不多——可能只是一個微笑。如果每個人都經常更多的微笑，這世界將成為一個更好的地方。因此，請微笑、滿心歡愉，因天主愛你而喜悅。

以下為阿西西的聖芳濟所寫的和平禱文，是我們每天都要念誦的。它提醒我們，要懷著一顆開放與澄澈的心將自己奉獻給別人，如此我們將於生活中創造出和平與安詳。

主啊，讓我如一通道般的傳達祢的和平，
何處有恨，我便引入愛；
何處有錯失，我便引入寬恕的精神；
何處有衝突，我便引入和諧；
何處有謬誤，我便引入真理；
何處有猶疑，我便引入信仰；
何處有絕望，我便引入希望；
何處有暗影，我便引入亮光；
何處有悲傷，我便引入喜悅；

主啊，讓我可以去撫慰而不尋求撫慰，
去了解而不尋求了解；
去愛而不尋求愛；
因為唯有忘記自我才能發現自我；
唯有寬恕才能得恕；
唯有死亡才得以醒視永生。

下面我以幾位義工的話作結。藉著幫助窮苦的人，他們找到了喜悅與和平：

戴夫（Dave）

「自從我開始在倫敦這兒工作，我所得到的遠遠超過我所付出的。我的工作中有著喜悅，但這並非滿堂笑聲，也非熱鬧的宴會；喜悅有其嚴肅面。它可能是輕淡的、不經意的喜悅，卻帶著極深沉的平和感；就像一對父母於小孩出生時、或是你於結婚當天所感受到的喜悅。在這裡，我感到快樂和喜悅，我以嚴肅的心情看待它——工作是嚴肅的——但我並不感到緊張與不安。為別人做事時，我已變得更沉穩、更放鬆。」

若望（John）

「在卡里加工作的經驗使我的生命有了重大轉變。我原先計劃只去一天，但是後來我決定在接下來的一個月中，每天都去那裡工作。每天下午當我完工休息的時候，我總覺得好像到了天堂。我所說的不是每天都在做這些工作的修女們的感覺，而是我已經能夠體會生命的另一個層面。這工作所傳達給我的超乎一般普通的感覺——我無法確切的形容；它正是一種和平。每一天都有極大的和平感降臨我身。」

盧波（Rupent）

「自我有機會與仁愛傳教修女會一同工作以來，我已經成為一個完整的人。

沒有人比別人優秀——我只是學著以人性來回應每一種情況與其局限。你給的愈多，你就得到愈多。當你在給予人、愛人、幫助人的同時，這世界已獲得更多，比我們從自身小小的行動中所能看到的更多，就像是我們和世界的心靈有了共同的脈動。」

最後，我所要傳達的有關和平的訊息只有一個，那就是彼此相愛，如同天主愛你們每一個人。耶穌為我們帶來了好的消息，讓我們知道天主愛我們，祂希望我們彼此相愛。當死亡的時刻到來，當我們再次回歸天主、回到我們的家，我們將聽到祂說：「來吧！擁抱這個為你準備的王國，因為我餓了，你們給我吃；我赤身露體，你們給我穿；我病了，你們看顧我。任何事你們既能做在最小的身上，就是做在我身上了。」

天主福祐
德蕾莎修女

不管怎樣，總是要⋯⋯

人們不講道理、思想謬誤、自我中心，
不管怎樣，總是愛他們；
如果你做善事，人們說你自私自利、別有用心，
不管怎樣，總是要做善事；
如果你成功以後，身邊盡是假的朋友和真的敵人，
不管怎樣，總是要成功；
你所做的善事明天就被遺忘，
不管怎樣，總是要做善事；
誠實與坦率使你易受攻擊，
不管怎樣，總是要誠實與坦率；

你耗費數年所建設的可能毀於一旦，
不管怎樣，總是要建設；
人們確實需要幫助，然而如果你幫助他們，卻可能遭到攻擊，
不管怎樣，總是要幫助；
將你所擁有最好的東西獻給世界，你可能會被踢掉牙齒，
不管怎樣，總是要將你所擁有最好的東西獻給世界。

（錄自加爾各答兒童之家希舒・巴滿牆上的標示）

附錄一
大事紀

一九一〇年八月二十六日

德蕾莎修女出生。

生於阿爾巴尼雅的司科別(Skopje)城，名為雅妮・龔哈・波雅舒(Agnes Gonxha Bojaxhiu)。

一九二八年

入愛爾蘭羅瑞托修女會並且在印度達吉嶺開始她的見習生活。

一九二九—一九四八年

在加爾各答聖瑪麗高中當地理老師，也當過幾年校長。

一九四八年

天主教會允許在校外生活，為加爾各答街頭的「窮人中的窮人」服務。

一九四九年

取得印度公民權。

一九五〇年

在仁愛傳教修女會的聚會上，受到天主教會的認可並在加爾各答成立。

一九五二年

在瑪利亞無邪之心節日，於印度的尼摩・何里得(Nirmal Hriday)設立第一個收容之家。

一九五三年

搬到加爾各答下環路(Lower Circular Road)的總院。

一九六〇年

在這一年，印度已經開了二十五所收容之家。

一九六五年

仁愛傳教修女會成為羅馬主教權下的一個社團。印度之外的第一個收容之家在委內瑞拉的科克羅特(Cocorote)成立。

一九六六年
仁愛傳教修士會由第一任總會長(General Servant)安德魯修士創立。
一九六八年
在羅馬與坦尚尼亞開設收容之家。
一九六九年
成立了國際義工協會。在澳洲開設收容之家，並且在海外大規模開設收容之家。
一九七一年
在紐約的南布朗克斯(South Bronx)區設立美國第一所收容之家。德蕾莎修女獲得教宗若望二十三世和平獎。
一九七五年
在加爾各答外，修士們在越南開設了第一家收容之家。
一九七六年
仁愛傳教修女會成立了默觀分會，叫作「聖言修女」。
一九七七年

修士們在香港開設收容之家並且開始在亞洲其他地方設立收容之家。

一九七九年

德蕾莎修女獲得諾貝爾和平獎。

一九八〇年

從這一年起，全世界的收容之家為藥癮、娼妓、和受虐婦女開放。發起促進收養反墮胎活動。為窮人兒童建立孤兒院和學校。

一九八五年

在紐約為愛滋病患建立一所醫院。

一九八六年

建立了仁愛傳教修女會教友部門。

一九八八年

派仁愛傳教修女會的人員到俄羅斯工作。在舊金山開了一家愛滋病患之家。

一九九一年

德蕾莎修女第一次回到家鄉阿爾巴尼亞，在地拉那設立收容之家。到這一年印度已經有一百六十八所收容之家。

一九九五年

繼續擴展並計劃到中國大陸設立一所仁愛之家。

仁愛傳教修女會

仁愛傳教修女會由八個分支機構組成：

活動修女(The Active Sisters)

默觀修女(The Contemplative Sisters)

活動修士(The Active Brothers)

默觀修士(The Contemplative Brothers)

傳教神父(The Missionary Fathers)

教友會(The Lay Missionaries)

義工、疾病與困苦的義工(Volunteers and the Sick and Suffering co-workers)

活動與默觀修女需要受訓長達六年。訓練如下：

備修(Aspirancy)——六個月

望會(Postulancy)——任何時間，最多一年初學(Novitiate)—二年　在這段見習後發第一次願，使女士成為發願修女。

初願期(Juniorate)—五年。每年重發一次願。

復願期(Tertianship)—這是六年的願期，在此以後發完最後一次願。在最後一次發願之前，修女們有回家三個星期的機會，以決定要留在家裡或成為終生的仁愛會傳教士。

初學訓練——在加爾各答、羅馬、馬尼拉、奈羅比、舊金山和波蘭實施。

活動修女——全天候服務窮人中的窮人。默觀修女一天除了在修會服務兩小時以外，其他時間都在祈禱。修女們向當地的上司報告，有時候直接向德蕾莎修女報告。

仁愛傳教修士會的修士、神父、和修女們——是獨立的修會，但是分享同樣的精神，與不計報酬全心服務窮人中的窮人的誓約。修士們向總負責人（修會的領導人）或者當地的上司報告。神父向他們的總長上報告。

仁愛傳教修士會——在最初三個月到十二個月的「觀察」階段後，有兩年的初學。修士不一定經過望會期。修士較多活動，和修女作一樣的工作。

神父——比較偏重默想、祈禱和主持彌撒。他們有的本來就是神父，有的在仁愛傳教修會裡被訓練成神父。如果他們已經是神父了，在重發誓願到這個新團體以前，有兩年的見習。

仁愛傳教修會——過世俗生活，但是和修女一樣，在同樣的時間裡發一樣的願。他們可以直接加入仁愛傳教修會的傳教工作，或者在別的傳教會裡實現第四個誓願：一生「不計較到全心服務窮人中的窮人」。不管是否已婚，他們是虔誠的人。

義工——他們在精神上的委身堅強，分享仁愛傳教修會工作的理念，志願貧窮、犧牲享受，在生活中「散發天主的愛」。他們和修會裡的人並肩工作，向當地的上司報告。他們的生活是祈禱並為修會，也為他們自己的家人服務。神父也可以作義工—他們被稱為「義工大家庭的精神心臟。」教宗若望保祿二世要求成為第一位加入教士認養計畫的教士，在這個計畫裡，每位神父和修女彼此在祈禱中認養對方。任何宗教的任何人都可以加入義工。

疾病與困苦的義工——這個協會在一九六九年由賈桂林・黛克(Jacqueline

de Decker）所建立，她本身因為生病殘疾，不能加入義工的工作活動。疾病與困苦的義工為窮人和他們的仁愛傳教修會奉獻痛苦。他們的祈禱為執行工作的活動修士、修女提供精神的支柱。他們成了修會的「第二個自我」，為別人的工作祈禱。

所有仁愛傳教修會的正式語言是英語。

致謝

我要謝謝以下這些在這個計畫裡幫助我的人：我的朋友兼代理人，卡洛林・布倫敦(Carolyn Brunton)——提議我做這本書的作者；賴德圖書(Rider Books)的朱廸・肯・德拉、藍燈書屋，對我的信心和引導，使我很能適應不可捉摸的加爾各答生活的混亂。安・派翠(Ann Petrie)，她的慷慨、支持和切中的建議；普理西拉修女(Sister Priscilla)，她的鼓勵和合作，凱恩司，他的信念、投入和為了取得本書內容而旅行不懈。我的丈夫約翰・達拉・柯斯塔(John Dalla Costa)，建議我、支持我、引導我更深入的瞭解基督生活。最後，我永遠感激德蕾莎修女她本人提供精神、時間，和分享她信心的寬宏度量。

魯心妲・瓦廸
Lucinda Vardey

我非常珍惜德蕾莎修女和仁愛傳教修女會的修女、修士們從幫助窮人的工作中抽出時間，與我們談話。非常感謝從世界各地來的志願者和我們分享他們的經驗，其中有些人我們有幸與他們共事。在印度，我們受到那瑞許和蘇妮塔・庫馬(Naresh and Sunita Kumar)、麥可和珍・安東尼(Michael and Jane Anthony)以及歐摩・阿梅德家人的幫助與建議。我感謝藍燈書屋(Random House)的鼓勵和支持，尤其是費歐娜・麥金泰(Fiona MacIntyre)和朱廸・肯德拉(Judith Kendra)。特別感謝倪克斯・畢卡索(Nix Picasso)她的想法、在採訪時的幫忙和她的投入，謝謝愛瑪・雷佛(Emma Lever)她的研究和採訪完稿，謝謝我的妻子潘妮(Pene)在各方面的幫助和建議。我非常榮幸和魯心妲・瓦廸共事，也謝謝奧馬・阿梅德、東尼・愛倫(Tony Allen)、傑拉德與珍・布雷(Gerald and Jane Bray)、艾尼・戴維吉(Enid Davidge)、金・麥克林(Jean Maclean)、包柏與奈兒・麥克林(Bob and Neil Maclean)和李察・泰勒(Richard Taylor)，他們的貢獻眾所週知。最後，我感謝雙親的支持與鼓勵，以及我的小女兒們耐心的等待與她們的父親共聚。

約翰・凱恩斯
John Cairns

附錄二

讓高牆倒下吧

李家同
（靜宜大學校長）

走出高牆

五十年前，一群來自歐洲的天主教修女們，住在印度的加爾各答，她們住在一所宏偉的修道院內；雖然生活很有規律，可是一般說來，她們的生活是相當安定而且舒適的，修道院建築以外還有整理得非常漂亮的花園，花園裡的草地更是綠草如茵。

整個修道院四面都有高牆，修女們是不能隨意走出高牆的，有時為了看病，才會出去。可是她們都會乘汽車去，而且也會立刻回來。

高牆內，生活舒適而安定，圍牆外，卻是一個完全不同的世界。二次世界大戰爆發，糧食運輸因為軍隊的運輸而受了極大的影響，物價大漲，大批農人本來就沒有多少儲蓄，現在這些儲蓄因為通貨膨脹而化為烏有，因此加爾各答城裡湧入了成千上萬的窮人，據說大約有二百萬人因此而餓死。沒有餓死的人也只有住在街上，一直到今天，我們都可以看到這些住在街上的人，過著非常悲慘的生活。舉個例來說，我曾在加爾各答的街道上，親眼看到一個小孩子，用一只杯子在陰溝裡盛水洗臉、漱口，最後索性盛了一大杯，痛痛快快地將水喝了下去。

就在我旅館門口，兩個小男孩每天晚上會躺下睡覺，他們合蓋一塊布，哥哥大概只有三歲大，弟弟當然更小，兩人永遠占據同一個地方，也永遠幾乎相擁在一起，他們十一點準時睡覺，早上六時以後就不見蹤影了。

這些孩子，很多終其一生沒有能夠走進任何一個房子，也可能終身沒有嚐過自來水的滋味。

住在修道院的修女們知道外面的悲慘世界嗎？這永遠是個謎，可是對這些來自歐洲的修女們，印度是一個落後的國家，這種悲慘情景不算什麼特別，她們的任務只是辦好一所貴族化的女子學校，教好一批有錢家庭的子女們。

德蕾莎修女就住在這座高牆之內，她出身於一個有好教養的南斯拉夫家庭，從小受到天主教的教育，十八歲進了這所修道院，成為一位修女，雖然她已來到了印度，她的生活仍然很歐洲式的。

可是有一次到大吉嶺隱休的途中，德蕾莎修女感到天主給她一道命令，她應該為世上最窮的人服務。

一九四八年，德蕾莎修女離開了她住了二十多年的修道院，她脫下了那套厚重的黑色歐洲式修女道袍，換上了一件像印度農婦穿的白色衣服，這套衣服有藍色的邊，德蕾莎修女從此要走出高牆，走入一個貧窮、髒亂的悲慘世界。

高牆到今天都仍存在。可是對德蕾莎修女而言，高牆消失了，她從此不再過舒適而安定的生活，她要每天看到有人赤身裸體的躺在街上，也不能忽視很多人躺在路上奄奄一息，即將去世。她更不能假裝看不到有人的膀子被老鼠咬掉了一大片，下身也幾乎完全被蟲吃掉。

德蕾莎修女是一個人走出去的，她要直接替最窮的人服務。即使對天主教會而言，這仍是怪事，很多神父認為她大錯特錯，可是她的信仰一直支持著她，使她在遭遇多少挫折之後仍不氣餒。

到今天，四十六年以後，德蕾莎修女已是家喻戶曉的人物。今年十一月十六日，她將來靜宜大學接受榮譽博士學位，為了增加對她的瞭解，我決定親自到加爾各答看她。

我們瞭解的德蕾莎修女

德蕾莎修女究竟是一個什麼樣的人？

她的第一個特徵是：絕對的貧窮。她不僅為最窮的人服務而已，她還要求自己也成為窮人，她只有三套衣服，她不穿襪子，只穿涼鞋，她的住處除了電燈以外，惟一的電氣用具是電話，這還是最近才裝的，電腦等一概沒有。

她也沒有秘書替她安排時間，沒有秘書替她回信，信都由她親筆回，在我去訪問她以前，中山大學的楊昌彪教授說她一定會有一群公關人員，替她做宣傳，否則她如何會如此有名？而且怎麼會有這麼多人跟隨她，我覺得這好像有些道理，我想如果她有這麼一位公關人員，我可以向她要一套介紹德蕾莎修女的錄影帶，可是我錯了，她沒有任何公關人員，更沒有任何宣傳品。

在天主教各個修會人數往下降的時候，她的修會卻一直蓬勃發展，現在已有七千多位修女和修士們參加了這個仁愛修會。修士修女們宣誓終其一生要全心全意地為「最窮」(poorest of the poor)的人服務。

至於她的思想呢？

德蕾莎修女常常強調耶穌在十字架上臨死的一句話「我渴」，對德蕾莎修女而言，耶穌當時代表了古往今來全人類中所有受苦受難的人。所謂「渴」，不僅是生理上的需要水喝，而且也代表人在受苦受難時最需要的是來自人類的愛，來自人類的關懷。

德蕾莎修女成立了一百多個替窮人服務的處所，每個處所都有耶穌被釘在十字架上的苦像，而在十字架旁邊，都有「我渴」這兩個字。她要提醒大家，任何一個人在痛苦中，我們就應在他的身上看到基督的影子，任何替這位不幸的人所做的，都是替基督所做的。

德蕾莎的默想禱文這樣說的：

一顆純潔的心，很容易看到基督
在饑餓的人中
在赤身露體的人中
在無家可歸的人中
在寂寞的人中
在沒有人要的人中
在沒有人愛的人中
在痲瘋病人當中

在酗酒的人中
在躺在街上的乞丐中

窮人餓了，不僅只希望有一塊麵包而已，更希望有人愛他，窮人赤身露體，不僅希望有人給他一塊布，更希望有人能給他人應有的尊嚴。

窮人無家可歸，不僅希望有一間小屋可以棲身，而且也希望再也沒有人遺棄他，忘了他，對他漠不關心。

德蕾莎修女不只是一位社會工作者而已，為了要服務最窮的人，她的修士修女們都要變成窮人，修士們連手錶都不准戴，只有如此，被修士修女們服務的窮人才會感到有一些尊嚴。

只有親眼看到，才可以體會到這種替窮人服務的精神，他們不只是在「服務」窮人，他們幾乎是在「侍奉」窮人。

德蕾莎修女說，她知道她不能解決人類的貧困問題。這個問題，必須留給政治家、科學家，和經濟學家慢慢地解決，可是她等不了，她知道世界上太多人過著毫無尊嚴的非人生活，她必須先照顧他們。

因為修士修女們過著窮人的生活，德蕾莎修女不需大量的金錢，她從不募款，以她的聲望，只要她肯辦一次慈善晚會，全世界的大公司都會捐錢，可是她永遠不肯。她不願做這類的事情，以確保她的修士修女們的純潔。她們沒有公關單位，顯然也是這個原因。

事實上德蕾莎修女最喜歡的不僅僅是有人捐錢給她，她更希望有人肯來做義工。

在德蕾莎修女的默想文中，有一句話是我一直不能瞭解的：

一顆純潔的心

會自由地給予

自由地愛

直至它受到創傷

說實話，我一直不懂，何謂「心靈受傷」。這次去見了德蕾莎修女的工作場所，參加了修士修女們的工作，才真正了解所謂「心靈受傷」和愛的關係。

和德蕾莎修女的五分鐘會面

要見德蕾莎修女，只有一個辦法，那就是早上去望六點鐘的彌撒，我和她約好九月四日早上九點見面。五點五十分，我就到了，修女們一方面是省錢，二方面大概是徹底的度化。除了修女以外，幾十個外人也在場，後來我才知道這些全修女的義工，來自全世界。

我到處找，總算找到這個名聞世界的修女，她在最後一排的小角落裡，這個精神領袖一點架子都沒有，靜靜地站在修女們的最後一排。

彌撒完了，一大堆的人要見她，我這才發現，德蕾莎修女沒有會客室，她就赤著腳站在教堂外的走廊上，和每一位要和她見面的人談話，這些人沒有一位要求和她合影，雖然每人只談了幾分鐘，輪到我，已經半小時去掉，在我後面，還有二十幾位在等。

她居然記得她要去靜宜接受榮譽博士學位，雖然她親口在電話中和我敲定十一月十六日，雖然我寄了三封信給她，告訴她日期已經敲定，可是她仍然忘了是那一天，所以我面交了最後一封信，信上再說明是十一月十六日。然後我們又討價還價地確定她究竟能在台灣待幾天，她最後同意四天。

我問她有沒有拍任何錄影帶描寫她們的工作，她說沒有，我問她有沒有什麼書介紹她們的工作，她也說沒有，可是她說附近有一座大教堂，也許我可以在那裡找到這種書。我沒有問她有沒有公關，答案已經很明顯了。

我想做的事情都沒有做到，因為我給了她一張支票，她要簽收據，折騰了幾分鐘，後面還有二十幾個人，我只好結束了會面，我後面的一位只說了一句話「我從倫敦來的」，一面給她一些現款，一面跪下來親吻修女的腳，她非常不好意思，可是也沒有拒絕。我這才發現，她的腳已因為風濕而變了形。

「垂死之家」的經驗

我在加爾各答可以有三天的自由活動，因此決定去修女創辦的「垂死之家」做義工。

垂死之家，是德蕾莎修女創立的，有一次她看到一位流浪漢坐在一棵樹下，已快去世了，她在火車上，無法下來看他，等她再坐火車回來，發現他已去世了。當時她有一個想法，如果有人在他臨死以前和他談談，一定可以使他比較平安地死去。

還有一次，德蕾莎修女在街上發現了一位老婦人，她的身體到處都被老鼠和蟲咬壞，她將她帶到好幾家醫院，雖然有一家醫院終於接受了她，她在幾小時內就去世。

德蕾莎因此創立了垂死之家，在這裡的人，必須要病危而且要無家可歸的流浪者。

加爾各答滿街都是無家可歸的人，晚上出去必須小心走路，不然一定會碰到睡在地上的人。有一位義工告訴我，有一位愛爾蘭女士，每天在街上走來走去，如果看到有病重的人，就會送到垂死之家去，她也會常常發現痲瘋病人。德蕾莎修女和一家救護車行，有一種共識，他們會替她服務。會將這種病人送到修女的痲瘋病院去。

在垂死之家，病人有人照顧，即使最後去世，在去世以前，至少感到了人間溫暖，因為修士修女們都非常地和善，他們盡量地握病人的手，如果病人情形嚴重，一定有人握住他的手，以便讓他感到人類對他的關懷和愛。

雖然德蕾莎修女是天主教修女，她絕對尊重別人的宗教，每一位病人去世以後，都會照他的宗教信仰火葬。

九月四日，垂死之家的義工奇多，可是每個人都忙得不亦樂乎，我第一件工作是洗衣服、洗了一個小時，我溜到樓上去曬衣服，這才發現他們連夾衣服的夾子都沒有。正好碰到大風，只好每件衣服都打個結。

曬衣服回來，忽然有人叫我：「修士，有人去世，你要來幫忙抬遺體。」我不是修士，可是也不敢否認，因此我就去抬了，抬入一間暫停的停屍間。我沒有看到她什麼樣子，只感到她的遺體輕得出奇。

快十一點了，一位神父來做彌撒，經文用英文，可是所有的聖歌都是用印度文的，極像佛教僧侶的吟唱，只是更有活力，調子也快得多，除了風琴之外，還有一位男修士在打鼓，這些男修士唱歌的時候，活像美國黑人唱靈歌一樣地陶醉，很多修女在彌撒時繼續工作，只有領聖時候才前去領聖體。彌撒完了，我們要分送飯，我發現病人們吃得還不錯，是咖哩肉飯。在這以前，我注意到一個年輕的病人，頂多十五歲，他曾經叫我替他弄一杯牛奶喝，我也一匙一匙地餵他，現在他又要我餵他吃。一位修女說我慣壞了他，因為他一向都是自己吃的。修女說顯然他很喜歡我，吃完了飯，他還要拉著我的手不放。

快到十二點的時候，一個傢伙來找我，「修士，那位病人要上廁所。」我這才知道，這位年輕病人已弱得不能走路，我扶著他慢慢走去，發現他好矮。他上廁所的時候完全要我扶著，這裡是沒有馬桶的。

義工那裡來的？做什麼事？絕大多數的義工來自歐洲，也有來自日本和新加坡的，我沒有碰到來自美國的義工，也只見到一位印度義工，而且是從歐洲回來的。其他一半義工大概是在學的學生，暑假全泡在這裡了，另一半大多是已就業的人士。令我感到吃驚的是很多醫生來了，我就碰到六位，都來自歐洲。還有一位是義大利的銀行家，雖然他不講，也看得出來，他每年必來，一來起碼兩個星期。年輕的義工常常在此工作三個月之久。

義工無貴賤，過去美國加州州長在此服務過一個月，修女們假裝不認識他，他的工作也和大家一樣。

第二天，我發現我的工作更多了，第一件是洗碗，用的清潔劑是石灰，看起來好髒，病人的碗都是不鏽鋼的，不怕這種粗糙的石灰，不過水很快就變成黑水。第二件工作是替洗好澡的病人穿衣服，我這才發現病人有多瘦，瘦得像從納粹集中營裡放出來的，似乎一點肉都沒有了。

在任何時刻，病人都會要水喝，我們義工不停地給他們水喝，有時也要給他們沖牛奶，有一位病人最為麻煩，他一開始認為我不該給他冷牛奶，我只好去找熱水。廚房的廚娘不是修女，兇得要命，用印度話把我臭罵一頓，我不懂我做錯了什麼，只好求救於一位修士。後來才知道，我不該將病人用的杯子靠近燒飯的地方。好不容易加了熱水，他又嫌太燙，我加了冷水，他又說怎麼沒有糖，好在我知道糖在那裡，加了糖以後，他總算滿意了，也謝了我，而且叫我好孩子。我在想，這位老先生一定很有錢，過去每天在家使喚傭人，現在被家人遺棄，積習仍未改，可是因為我們要侍奉窮人，也就只好聽由他使喚了。

第三件工作是洗衣服，無聊之至。洗衣中，又有人叫我修士，要我送藥給病人，我高興極了，因為這件事輕鬆而愉快，有一位年輕的修士負責配藥，配完以後，我們給一位一位病人送去。所以我的第四件工作是送藥。

送藥送得起勁，一個傢伙來找我，他說：「修士，我是開救護車的，你要幫我抬四個遺體到車上去。」我背部曾受傷過，重東西早就不抬了，可是修士是什麼都要做的，我只好去抬。好在遺體都已用白布包好，我看不見他們什麼樣子。

上車以前，我抓了一位年輕力壯的修士與我同行，因為我畢竟不是修士，也不懂當地法律，萬一有人找起我麻煩來，我應付不了。那位修士覺得有道理，就和我一起去了。

這位修士十九歲，身強體壯，一看就可以知道出身富有家庭，否則不會體格如此之好，他在一所大學念了一年電機，就決定修道，參加這個修會。這位修士其實是個漂亮的年輕人，只是臉上有一個胎記，使他看上去好像臉上有一個刀疤，他就是昨天在彌撒中打鼓的那一位，他十分外向，老是在講笑話，途中我想買一瓶可口可樂喝，他說他不可以接受我的可口可樂，他說他不戴錶，曾經有人要送他一只錶，他也沒有接受。他說他唯一的財產是三套衣服，一雙鞋，萬一鞋子壞了，可能要等一陣子才會有新的給他，他滿不在乎的說，我可以赤腳走路。說到赤腳，他拍一下他的大腿，痛痛快快地說：「我要一輩子做一個窮人，做到我死為止。」他說的時候，滿臉笑容，快樂得很。

我在想這小子，如果不做修士，一定有一大批女生追他，他一定可以過好的日子，可是他現在什麼都沒有了。只有三套衣服，可是他那種嘻嘻哈哈的樣子，好像他已擁有了一切。

火葬場到了，這所火葬場有一大片房子，房子裡外全是乞丐，我們三人將遺體搬到一個炭堆上，就放在那裡，什麼時候火葬，我們不知道。我感到這好像在丟垃圾，使我非常難過，有一個遺體的布後來散了，我認出這是一個年輕人的遺體，他昨天什麼都不吃，一位修士情急之下，找了極像奧黛利赫本的英國義工來餵他，卻也動不了他求死的決心，昨天下午就去世了。還好死前有人握了他的手，據說他在垂死之家四進四出，好了就出去流浪，得了病又回來，最後一次，他已喪失鬥志，不吃飯不喝水，也幾乎不肯吃藥，只求人家握住他的手。

遺體放好，我們一轉身，二隻大烏鴉立刻飛下來啄食，它們先用腳熟練地拉開布，然後就一口一口地吃起來。死者的手，原來放在身上的，因為布被拉開，我眼看他的右手慢慢地垂了下來，碰到了地。布被拉開，我也看到了他的臉，兩隻眼睛沒有閉，對著天上望著，滿臉淒苦的表情。我們都嚇壞了，跑回去趕烏鴉，我找到了一塊大木板，將遺體蓋上，可是頭和腳仍露在外面。

雖然只有幾秒鐘的時間，那位孩子無語問蒼天的淒苦表情，以及大烏鴉來啄食的情景，已使我受不了了。

回來以後，還有一件事在等著我，又有人叫我：「修士，我要你幫忙。」

原來我們要抬垃圾去倒，垃圾中包含了死者的衣物，垃圾場要走五分鐘，還沒有到，一堆小孩子就來搶，垃圾堆上起碼有三十隻大烏鴉在爭食，更有一大批男女老少在從垃圾堆裡找東西。

貧窮，貧窮，貧窮，這次我真的看到了貧窮所帶來的悲慘，由於大家的推推拉拉，我的衣服遭了殃，我當時還穿了圍裙，圍裙一下子就變髒了。

我的心頭沈重無比，這種景象，以前，我只在電視和報紙上看到，現在，活生生地呈現在我的面前。

回到垂死之家，一位修女下令叫我去教堂祈禱，他說修士們都已去了，我也該去。修士們果真在，那位陪我去的修士盤腿而坐，兩手分開，低頭默想，看上去像在坐禪，嘻皮笑臉的表情完全沒有了。

而我呢？我坐在他們後面，還沒有坐穩，我的眼淚就泉湧而出，我終於瞭解了德蕾莎修女的話：

「一顆純潔的心，會自由地給，自由地愛，直到它受到創傷。」

我過去也號稱為窮人服務過，可是我總找些愉快的事做，我在監獄裡服務時，老是找一些受過教育的年輕人做朋友，絕不敢安慰死刑犯，不僅怕看到手銬和腳鐐，更怕陪他們走向死亡，我不敢面對人類最悲慘的事。

現在我仍在做義工，可是是替一群在孤兒院的孩子們服務，這群孩子，被修女們慣壞了，個個活潑可愛而且快樂，替他們服務不僅不會心痛，反而會有歡樂。

我雖然也替窮人服務過，可總不敢替「最窮」的人服務，我一直有意無意地躲避人類的真正窮困和不幸。因此，我雖然給過，也愛過，可是我始終沒有「心靈受到創傷」的經驗，現在我才知道，其實我從來沒有真正地愛，真正地給過。

可是五十六年來舒適的日子，忽然被這二小時的悲慘情景所取代，想起那四位死者，其中一位低垂的手，對著蒼天望的雙眼。此時窗外正好下著大雨，他不僅在露天中被雨淋，還要被烏鴉啄，我這次確確實實地感到難過到極點了。

耶穌的苦像在我前面，我又看到了「我渴」，做了四十年的基督徒，今天才明瞭了當年耶穌所說「我渴」的意義，可是我敢自稱是基督徒嗎？當基督說「我渴」的時候，我大概在研究室裡做研究，或在咖啡館裡喝咖啡。

我向來不太會祈禱，可是這一次我感到我在和耶穌傾談，我痛痛快快地和耶穌聊天，也痛痛快快地流淚，淚流了一陣子，反而感到一種心靈上的平安。我感謝天主給我這個抬死人遺體和到垃圾場的機會。我感到我似乎沒有白活這輩子。抬起頭來，卻發現那位修士坐在我的旁邊，他顯然看到我流淚，來安慰我的。

他說：「先生，你的汗味好臭，我們都吃不消你的臭味，你看，修士們都被你臭走了，現在只有我肯陪你，你比我們印度人臭得多了。」

我知道他是來安慰我的，雖然我汗流浹背，衣服全濕了，也的確臭得厲害，可是他笑我比印度人臭，總不能默認，因此我做了一手勢假裝要打他一拳。

當時我們仍在聖堂內，這種胡鬧實在有點不像話，我們同時走到聖堂外面去，那位修士，四處張望一下，發現無人在場，做了一個中國功夫的姿勢，意思是如果我要揍他，他武功更好。

他說其他義工都只穿短褲和T恤，只有我穿了一件襯衫和長褲，修士們都穿襯衫和長褲，我當時又沒有帶手錶，才會被人誤認為修士。他調皮的說：「下次再來，一定仍由你去火葬場，你最像抬遺體的人。」我聽了以後，心裡舒服多了。

離開垂死之家之前，我又幫忙洗了碗。

在大門口，這位修士背了一只麻布口袋準備離去，口袋上寫著M.C.(Missionaries of Charity)，他看了我，對我說：「明天我不來這裡。」然後他調皮地說：「修士，再見。」

我注視他的麻布口袋，以及他衣服上的十字架。好羨慕他，他看出我的心情，兩手合一地說：「只要你繼續流汗，流到身體發臭，你就和我們在一起。」

我也兩手合一地說：「天主保佑你，我們下次見面，恐怕是在天堂了。」我看到他拿起袖子來偷偷地擦眼淚。

第二天，我坐計程車去機場，又看到一位修士和一位日本義工在照顧一位躺在街上的垂死老人，今天清晨，老人的家人將他抬來，遺棄在街頭。修士在叫計程車，日本義工跪下來握住老人的手。他是醫學院的學生，看到我，他說：

「絕無希望了。」雖然也許真的沒有希望，可是這位老人至少知道，世上仍有關懷他的。

我當時恨不得不再走回計程車，留下來永遠地服務。雖然只有兩天，垂死之家的經驗使我永生難忘。

我忘不了加爾各答街上無家可歸的人。

我忘不了一個小男孩用杯子在陰溝裡盛水喝。

我忘不了二個小孩每晚都睡在我住的旅館門口，只有他們兩人，最大的頂多四歲。

我忘不了垂死之家裡面骨瘦如柴的病人。

我忘不了那位年輕的病人，一有機會就希望我能握住他的手。

我忘不了人的遺體被放在一堆露天的煤渣上，野狗和烏鴉隨時會來吃他們，暴風雨也會隨時來淋濕他們。他們的眼睛望著天。

我忘不了垃圾場附近衣不蔽體的窮人，他們和野狗和烏鴉沒有什麼不同，沒有人類應有的任何一絲尊嚴。

可是我也忘不了德蕾莎修女兩手合一的祝福，和她慈祥的微笑。
我更忘不了修士修女們無限的愛心和耐心。
我忘不了修士修女們過著貧窮生活時心安理得的神情。
我忘不了那麼多的義工，什麼工作都肯做。
我忘不了那位日本義工單腿跪下握住乞丐手的姿態。
雖然我看見了人類悲慘的一面，我從來沒有見過如此多善良的人。德蕾莎修女最大的貢獻是她將關懷和愛帶到人類最黑暗的角落，我們更應該感謝的是她們感動多少人，多少人因此變得更加善良，我應該就是其中的一個。

讓高牆倒下吧

德蕾莎修女當年並不一定要走出高牆的。
她可能成立一個基金會，雇用一些職員，利用電腦和媒體，替窮人募款，然後找人將錢「施捨」給窮人。

她也可以只是白天去看看窮人，晚上仍回來過歐洲式舒適的生活。

甚至她只要每週有一天去服務窮人一下，其他的日子都替富人服務。

可是她自己變成了窮人，因為她要親手握住貧窮人的手，伴他們步向死亡，再也不會逃避世上有窮人的殘酷事實，她不僅照顧印度的窮人，也照顧愛滋病患，最近，高棉很多人被地雷炸成了殘廢，沒有輪椅可坐，德蕾莎修女親自去面對這個事實。

她單槍匹馬走入貧民窟，勇敢地將世人的悲慘背在自己身上。

她完全走出了高牆。

我們每個人都在我們心裡築了一道高牆，我們要在高牆內過著天堂般的生活，而將地獄推到高牆之外。這樣，我們可以心安理得的假裝人間沒有悲慘。儘管有人餓死，我們仍可能大吃大喝。

讓高牆倒下吧，只要高牆倒下，我們就可以有一顆寬廣的心。

有了寬廣的心，我們會看見世上不幸的人，也會聽到他們的哀求「我渴」。

看見了人類的不幸，我們會有熾熱的愛。有了熾熱的愛，我們會開始替不幸的人服務。替不幸的人服務，一定會帶來我們心靈上的創傷，可是心靈上的創傷一定會最後帶來心靈上的平安。

如果你是基督徒，容我再加一句話：只有經過這個過程，我們才能進入永生。

後記

這篇文章寫完的十天以後，有一個清晨，我做了一個夢，夢裡我又回到了垂死之家，垂死之家裡面這次全是小孩子，好像是來自非洲的小孩子，一位修士將圍裙丟給我，對我說：「歡迎你來，我們正需要義工來幫忙。」

一個小孩子對我做個手勢，表示他要喝水，等我將杯子給他的時候，他將杯子輕輕地推開，然後伸出他的手，要我握住他的手，我的手還沒有碰到他的手，夢就醒了。

還有一件事，我沒有照任何的照片，因為我記得德蕾莎修女的話，「窮人最需要的是尊嚴」，我知道如果我將我看到的照了像，對我們的社會是一件有意義的事，可是我做不到。因為我實在不忍心對那些骨瘦如柴的窮人照像。事實上，在垂死之家的門口，也有牌子明文規定不得照像。

（本文原刊登於《讓高牆倒下吧》一書，經李家同先生同意刊登）

國家圖書館出版品預行編目(CIP) 資料

一條簡單的道路：德蕾莎修女的質樸之道/ 德蕾莎修女(Mother Teresa)作；魯心妲．瓦迪(Lucinda Vardey)編；高志仁、曾文儀、魏得驥譯 -- 三版 -- 新北市新店區：立緒文化事業有限公司, 民112.02
面；　公分. -- (新世紀叢書)
譯自 : A Simple Path

ISBN 978-986-360-204-0(平裝)

1. 德蕾莎(Teresa, Mother, 1910-1997)　2. 天主教　3. 社會服務

249.9371　　111021987

一條簡單的道路：德蕾莎修女的質樸之道（2023 年版）

A Simple Path

出版——立緒文化事業有限公司（於中華民國 84 年元月由郝碧蓮、鍾惠民創辦）
作者——德蕾莎修女（Mother Teresa）
編者——魯心妲．瓦迪（Lucinda Vardey）
譯者——高志仁、曾文儀、魏得驥

發行人——郝碧蓮
顧問——鍾惠民

地址——新北市新店區中央六街 62 號 1 樓
電話—— (02) 2219-2173
傳真—— (02) 2219-4998
E-mail Address —— service@ncp.com.tw
劃撥帳號—— 1839142-0 號 立緒文化事業有限公司帳戶
行政院新聞局局版臺業字第 6426 號

總經銷——大和書報圖書股份有限公司
電話—— (02) 8990-2588
傳真—— (02) 2290-1658
地址——新北市新莊區五工五路 2 號
排版——文芳印前事務公司
印刷——尖端數位印刷股份有限公司

法律顧問——敦旭法律事務所吳展旭律師

分類號碼—— 249.9371
ISBN —— 978-986-360-204-0
出版日期——中華民國 85 年 2 月～ 95 年 10 月初版　一～十七刷（1 ～ 40,000）
中華民國 101 年 3 月～ 109 年 3 月二版　一～七刷（1 ～ 5,600）
中華民國 112 年 2 月三版　一刷（1 ～ 800）

定價◎ 280 元（平裝）